U0129140

袖珍詩鈔

藍　雲著

文　史　哲　詩　叢
文史哲出版社印行

國家圖書館出版品預行編目資料

袖珍詩鈔/ 藍雲著, -- 初版 -- 臺北市：文史
哲, 民 101.10
頁；公分（文史哲詩叢；109）
ISBN 978-986-314-066-5（平裝）

851.486　　　　　　　　　101019656

文 史 哲 詩 叢　109

袖 珍 詩 鈔

著　　　者：藍　　　　　　　　　雲
出 版 者：文　史　哲　出　版　社
　　　　　http://www.lapen.com.tw
　　　　　e-mail：lapen@ms74.hinet.net
登記證字號：行政院新聞局版臺業字五三三七號
發 行 人：彭　　　　正　　　　雄
發 行 所：文　史　哲　出　版　社
印 刷 者：文　史　哲　出　版　社
　　　　　臺北市羅斯福路一段七十二巷四號
　　　　　郵政劃撥帳號：一六一八〇一七五
　　　　　電話886-2-23511028 · 傳真886-2-23965656

定價新臺幣三八〇元

中 華 民 國 一〇一 年（2012）十 月 初 版

八十感懷　　藍　雲

歲月如流鬱鬱愁，人生能有幾春秋

八旬已屬邀天幸，千萬毋須上壽憂

冷眼旁觀塵世亂，清心自守洞天幽

行來哪計山川阻，況有耶穌伴我遊

其二

生逢亂世苦飄蓬，海島淹留以老終

碌碌慚無經世術，恂恂愧少賣瓜功

胸中壘塊如沉石，筆下詩篇似逝洪

莫謂人生疑若夢，有神同在不虛空

2　袖珍詩鈔

姑妄言之（代序）

　　文學，若就廣義的解讀，也可說是屬於藝術的範疇，故有「文藝」之說。詩，當然更有其藝術性的特質。所謂「詩藝」，即重在詩的藝術表現如何，以斷定其詩作者造詣之精湛與否。凡廣為流傳的經典詩篇，固然在其具有深刻感人的內容，其詩藝的表現，亦必堪稱爐火純青，無懈可擊。

　　在所有文學作品中，詩，可謂最講究表現技巧的一種文體，其爭議也最多。尤其是現代詩的表現，豈只是五花八門，簡直到了無奇不有的地步。不過，無論怎麼表現，再怎麼變化多端，套用中國人的一句老話：萬變不離其宗。詩，畢竟有其詩的基本要素。其要素之一，便是結構。

　　其實，不僅是詩，所有的藝術作品，莫不講究其結構。一幅畫，一闋樂曲，也都視其結構嚴謹與否，以斷定其美學價值的高低。而詩的結構，雖然並非評定一首詩之優劣的主要條件，卻是詩作者不可忽略的一項基本法則。

　　詩的結構，不若小說、戲劇複雜。如僅就形式而言，主要表現在斷句、分行等方面，要能前後呼應，而有一氣呵成之感。至於一首（或稱一篇、一則、一帖）詩的形式，以其篇幅的長短，大略可分長詩、短詩（有人稱小詩、微型詩）兩類。至於何種樣的詩稱長詩？何種樣的詩為短詩？並無法定標準。依愚見，堪稱長詩者，至少應在百行以上；多則千行、數千行，甚至萬行，可無限上綱。而短詩短到何種程度？有人提倡一行詩，實則，那只是一句詩，不能

說是一首詩。二行也不能說是一首詩，那只是一個聯句。短詩，至少應有三行，形成有頭有尾有軀幹的結合體，才可說是一首結構完整的詩。超過三行以上者，更須講究其結構是否嚴謹，將成為其作品成敗的關鍵（當然，這也並非說，凡三行者就是詩，還得視其內容是否真的詩而定）。這是我個人對短詩的一得之愚，未必為所有寫詩的朋友認同。而寫詩，本來就無定法。我的此一淺見，不過是自說自話，姑妄言之罷了。

　　基於上述我對短詩的理解，因此，收在這本集子裡的作品，每首少則三行，多則十二行（為考慮這集子的容量，十三行以上者未予收錄），姑名之為《袖珍詩鈔》。其中作品大都收錄自己出版的幾本詩集中（僅極少數為未結集者），而依出書時間先後編排。自知這些作品的表現技巧拙劣，內容也都很膚淺。之所以不揣鄙陋，而彙整成此一小書出版，一則以之檢視我在學習寫詩的歷程中，對短詩著力之梗概；一則也當作我今年虛度八十的紀念。因這些作品，悉屬冷飯重炒，並無新意，不敢奢望知音賞。寫詩，出版詩集，他人可能以志業視之。我則無此抱負。詩寫了出來，詩集出版了，便像嫁出去的女兒，已非我能管的事。其得失，就拋諸腦後吧。

　　非常感謝與我有「三同」（同庚、同鄉、同好）之誼的一信兄，曾撰文評介我的幾篇短詩。他的溢美之詞，雖令我受之有愧，卻也給了我很大的鼓勵。現復蒙他慨允，將其多年前發表的此一鴻文，錄於本書卷首，為我壯膽，也為這本小書增光。

藍雲 二〇一二年九月三十日（農曆八月十五）
八秩賤辰於板橋

微型詩能微言大義嗎？

—— 兼評介詩人藍雲的微型詩

一　信

　　最近讀到詩人藍雲的中英對照之《藍雲短詩選》詩集，其中收集短詩二十首，非常出色，尤其內中之三行、四行詩，成一結構完整、內容充實之「微型詩」，更是令人激賞。現先以〈三行四首〉一詩為例，提供大家共同品賞：

煙

　　他曾如龍似虎
　　現在化為一縷煙
　　以後隨風而去成無

　　此詩不僅詩語言簡潔、順暢、富意象，且充滿禪味，令人讀來感到究竟是寫「煙」，還是寓意人生似煙。

窗

　　晴時冷眼旁觀

　　雨來閉目冥想
　　世態炎涼看慣

　　短短三行，每行六字，潔淨明澈，充滿理性與智慧，
對晴時開窗，雨來關窗的意象及意識含義，表達得非常巧
妙與精確。另一方面詩人所寫的「晴時」也許是暗示得意
時、風光時；「雨來」也許是指橫逆來時、困頓時，寓意
深切，令人感觸良多。

傘

　　在雨中歌唱
　　迎向烈日笑
　　放下身段當手杖

　　這首詩一反〈窗〉詩之理智冷冽。字裡行間充滿了感
性與歡欣的明快節奏，寫的是「傘」的功效，但略加深思
體味，就可發覺寫的可能是終身相偕的伴侶，或是詩人自
我人格寫照。

椅子

　　無論你願不願意
　　所有迎面而來的都得忍受
　　最厭惡的是那些不堪聞問的屁

　　一看即知，表面寫的是椅子，實際是在感慨人生之無

奈，尤其最後一句至為生動，寫出那厭惡之人在此大發謬論（放屁），也不得不忍受。雖是無奈，倒不失幽默有趣。

前列四首短詩，每首均僅三行，都文字簡潔順暢，各有主題，作者寓物抒懷，或用意象，或以隱喻、暗示、或作聯想，運用詩藝術技巧，鮮活地表達出內涵，用最少的文字，表達出最具體深雋之內容，令人讀後不得不欽讚，這種簡扼流暢且深具內涵的詩，不正是我們最需要且最愛讀的詩嗎？

除此以外，這本短詩選集中，還有如〈四行四首〉、〈尋訪六記〉、〈淚之諸貌〉……等等，都是難得的微型好詩。

綜觀詩人藍雲的短詩，殊少豪放、縱情、詭異、新奇、怪幻類的作品，多為內容豐實、寓涵哲理，且都簡練精巧，結構嚴謹之詩作，尤其難得的是運用意象及暗示，自然而精妙、準確，充滿生活與生命智慧，筆者雖讀過作者很多好詩，但最偏愛的仍是他的微型好詩。

在當今社會生活忙碌，網路在生活的活動中佔了非常重要的位置及非常多的時間，大家都很難分出時間來閱讀及欣賞較長或較繁複的詩，單純而涵蘊豐富內容的「微型詩」，能讓閱讀者，不用太多時間，由「微」知著，且能回味無窮，若更能進而欣賞到「微言大義」，這不是當前最需要的詩嗎？也許這種微型詩的創作，能振興詩運，媲美盛唐時之文字簡扼、內容豐富的五律、七律、五絕、七絕呢！

袖 珍 詩 鈔

目　　次

輯一　三葉草

三代記

青　年

一條河
打那山麓奔來
不知道什麼是岸

中　年

走在秋天的田野上
乍看　金黃耀眼
再看　一片茫然

老　年

還有什麼可說的呢
一截倒吃的甘蔗
愈來愈短

—— 一九八九、六　板橋

—— 海韻

煙

他曾如龍似虎
現在化爲一縷煙
以後隨風而去成無

——藍雲短詩選

傘

在雨中歌唱
迎向烈日笑
放下身段當手杖

——藍雲短詩選

窗

晴時冷眼旁觀
雨來閉目冥想
世態炎涼看慣

——藍雲短詩選

椅子

無論你願不願意
所有迎面而來的都得忍受
最厭惡的是那些不堪聞問的屁

—— 藍雲短詩選

花瓶

你不在乎人們目以何種眼光
擺在案頭也好，盥洗室也罷
你都以為自己優於那牆角的缸

—— 未結集

瓶花

不再見到你的笑容與歡躍
遠離了陽光跟土壤
彷彿籠中的金絲雀

—— 未結集

臭皮囊

加了一個「臭」字
聽起好像是說：你一文不值
可沒有人真正捨得放下你

—— 日誌詩

紙鎮

紙鎮已失業
自從電腦鍵盤取代了筆
再也難有他用武的餘地

—— 日誌詩

分裂的天空

原來十分神秘的天空
如今只賸三分神秘
七分已被科學佔據

—— 日誌詩

輯二　四味木

秋之什

一、秋色

你的面貌晶瑩、明麗
你的風姿溫柔、沉靜

誰說你冷漠而無情呢
我最愛你這麼高潔優雅的靈魂

二、秋葉

颯然地，像流星的殞落，英雄的殉難
我驚訝他們何不留戀那久棲的故枝

他們卻在互相道著：我們捐棄了自己
希望給明年換來一個更繁茂的春天

三、秋風

傍晚，一位神秘的老人
吹起了悽厲勁削的口哨

在那蒼茫的原野上
趕著散遊的羊群回家

四、秋雨

你，憂鬱地滿面淚痕而來
我默立窗前，聽你細訴

於是，你對我講起了你對春天的戀念
而我回思往日，也不禁泫然欲泣了

五、秋夜

像一位煢煢而居的婦人
無限的寂寞，無限的幽秘

因之，我感覺她是可愛的
最美的是那貓一般的眼睛

——萌芽集

星星

他在證明一種事實
黑夜並不是那麼可怕　可詛咒

存在不在於大小
能發光，就值得人們讚賞

——未結集

皺紋

國防白皮書
公開的秘密已經不是秘密

真實的年齡並非寫在臉上
老，自心上開始

—— 未結集

孤獨

不是狐狸，有點像獅子
他把自己關在籠子裡

一個患有潔癖的人
總是保持著與世界的距離

—— 藍雲短詩選

苦難

果實成熟於烈日的烤炙
鳳凰浴火後成了不朽的詩

晚娘面孔慈母心
一個不苟言笑的教師

—— 未結集

蛻　變

上帝造的毛毛蟲不見了
翩翩飛來一隻蝴蝶

一個校園裡的庸才
竟讓世界翻轉了過來

——　未結集

鏡　子

每一個來到這湖邊的人
都成了納席薩斯

蘆花紛飛時
最怕見到的人是自己

——　藍雲短詩選

廢　墟

有人自你看到過去
留下的一聲嘆息
有人由你看到未來
心中一盞紅燈升起

——　藍雲短詩選

謊言

茫茫大霧中
虎成了貓，貓成了虎
太陽出現時
它便鼠竄而去

—— 藍雲短詩選

政治

特技表演者所玩的
一把兩面利刃
玩得好，贏來滿堂彩
一不慎，便傷己傷人

—— 未結集

敵友論

是敵是友，端視你如何看待他
火，這個最具爭議性的人物
他帶給人們以光明與溫暖
往往又製造一幕幕悲劇

—— 未結集

新新人類

讓人沉醉的是酒
無關乎瓶的舊或新
他們聲稱上帝度假去了
個個自許為祂的代理人

—— 未結集

後現代主義者

滿街賈島
不見韓愈
他們表演的是
一齣沒有結局的短劇

—— 未結集

沉思者

孤默而成一座塑像
心中的翅膀開始飛翔

檢視羅列眼前的萬象
看哪些是垃圾，哪些可以收藏

—— 隨興詩鈔

生之歷程

自呱呱墜地
再回到萬物共同的母親懷裡
一若日出日落
不過轉個身而已

—— 日誌詩

逃

當生活如被困在籠中的鳥
他很想逃
可是，逃去哪裡呢？
這世界不就是一座大監牢

—— 日誌詩

挑戰

路燈向黑夜挑戰
看誰先不支而退

黑夜終非路燈敵手
最後只得鎩羽而歸

—— 日誌詩

貪

看不見的癌細胞
小偷般潛入他的心中
一旦東窗事發
身家名譽俱成空

— 日誌詩

飛機

人類沒有翅膀
所以，創造了飛機
從此海角天涯
不再遙不可及

— 日誌詩

傍晚獨坐

傍晚，在陽台上獨坐
像那山，獨坐在原野上
靜靜，靜靜地，我在等待
等待前來與我約會的月亮

— 日誌詩

燭淚

他默默地在流淚
不是因為哀傷
讓他喜極而泣的是
一室黑暗因他而亮

—— 日誌詩

淡江夕照

梵谷的向日葵
何竟懸掛在淡水河出海口的上方
人們像發現金礦般地驚歎
那一片蕩漾在水面上的金色光芒

—— 日誌詩

人生四則題

少年　　＋
青年　　×
中年　　÷
老年　　－

—— 日誌詩

五官素描

耳

一左一右兩扇門
黃鶯請進
烏鴉也請
聲聞而心審，不論逆順

目

默默無聲的兩座雷達
有時像電波釋放出各種訊息
有時則如泉湧
不是喜極，便是哀泣

鼻

另類大樓管理員
職司香與臭的檢驗
無人不仰賴他得以存活
且攸關其人的媸妍

口

不過是上下兩張皮而已
一不留意，便掀起一場風波
輕則轉個身，煙消霧散
重則可能招致喪命亡國之禍

心

從不露面的藏鏡人
掌控耳　目　鼻　口
一個人走的路正或不正
都操諸他的手

—— 日誌詩

眉

中文八字
或順或倒寫
無非是喜怒哀樂
情緒的宣洩

—— 日誌詩

短詩

未必都如林語堂口中的裙子
但須具有趙飛燕的魅力
雖非滿漢全席
卻讓人咀嚼之餘，回味不已

—— 日誌詩

泡影

一個美麗的夢
一則動人的故事
陡地結束了
與風俱逝

—— 日誌詩

往事如酒

往事如酒
藏在地窖裡，愈陳愈香
偶爾拿來品一口
便醺醺然，像在雲端飛翔

—— 日誌詩

小草

小草知道自己的卑微
不與大樹比高低
他緊緊抓住大地的衣角
生怕自己被遣棄

—— 日誌詩

欣賞馬蒂斯的畫

你想欣賞馬蒂斯的畫嗎？
請先把背上的包袱卸下
拋棄那有色眼鏡
或許，你才看得懂他的畫

—— 日誌詩

落日

牛頓說：你們看
我的話沒錯吧
那顆蘋果抗拒不了地球的引誘
終於投入他的懷抱

—— 日誌詩

緣

一根無形的線
將你我牽在一起
這線若起自五百年前
豈能不視如塊寶般珍惜

——日誌詩

人老後

人老後
往事如煙雲消逝
留下一堆回憶
成了生活中的主要糧食

——日誌詩

河與岸

河一直想擺脫岸的挾制
岸則緊追著河不放
河不得己，便朝海裡逃
岸只有癡癡地呆在那裡凝望

——日誌詩

幸福，幸福

幸福，幸福　幸幾許
青荣　蘿蔔　豆腐

幸福，幸福　福何如
宜聾　且啞　復瞽

—— 未結集

輯三　五色筆

下雨天

下雨天，寫詩天
天空將一滴滴的雨寫在大地上
我將一句句的詩寫在稿紙上
噢！不，詩是他寫的
我祇是翻譯

—— 燈語

罰

一個渾身都會說話的女子
有人將她畫成一幅畫
然後拿去畫廊展覽
我看了，不禁在想
這是不是給她的懲罰

—— 燈語

笛聲

那笛聲，彷彿箭一般
箭箭射入離人的心中
奪門而出的血
以其誇張的姿勢問說
你們可知我的哀怨有多深

—— 燈語

自動門

不設防的城
無須推敲
所有前來的均表歡迎
一若從不拒絕人的
某種女人

—— 燈語

生態觀

蝌蚪變成青蛙
蛹成了蝶
這是自然的變化
藍黨的兒子加入綠黨
莫非也是自然的發展

——燈語

面具

出一個謎語
讓眾人猜
表演結束後
卻發覺自己遺失
已經無法找回

——燈語

春風

他的臉是酥軟香甜的義大利薄餅
沒有人能抗拒的一種吸引
而多情的他，也最薄倖
一轉身，你就會發覺
他已逃得不見蹤影

——隨興詩鈔

覺醒

走過千山萬水
依然沒有找到他所追尋的
有人告訴他
夢中來，還是回到夢中去吧
一覺醒來，他要找的竟在自己懷裡

——隨興詩鈔

終站

不論長途短程
一路抑揚頓挫後
該喘口氣了
是成灰的蠟燭，或繞樑三日的休止符
就讓那一臉鬍子的歷史老人去評斷

—— 隨興詩鈔

山谷中的百合花

你寫的詩
沒人讀，還寫嗎？

當然

那深山幽谷中的百合花
豈因沒人欣賞便不綻放

—— 日誌詩

風與風箏

風，一見到風箏便笑
風箏看見風在向他招手
便不禁搖頭扭腰
風牽著他在空中漫遊
他們彷彿是一見如故的知交

——日誌詩

花開花落

張眼　花開
閉眼　花落
花開花落一刹那
刹那間，一個故事結束
一個故事又整裝待發

——日誌詩

幸福

魚在水中忘情地游來游去
根本不去想明天或下一刻
他將置身何處
只知活在當下
一無罣慮，便是幸福

── 日誌詩

泡沫

電光石火般的人生
哪裡可以覓得永恆的生存
有人看萬事如糞土（註）
你又何苦去追尋
那瞬即幻滅的泡沫

註：保羅語。見《聖經‧新約全書〈腓立比書〉三章九節》。

── 日誌詩

謎

謎有很多種
最難猜的人生這道謎
謎底因人而不同
像在漆黑的洞穴裡
說不準哪是黑白藍綠紅

—— 日誌詩

留下

有的人走了就走了
像船過水無痕，什麼也沒留下
有的人走了，影子還在

你呢？哪天你走了
可有什麼留下來

—— 日誌詩

新譜《春江花月夜》

春天點燃了所有懷春女子的眼睛
江水奔向海天一線處會她的情人
花兒納悶有人愛她卻又要她的命
月亮可圓可缺乃百變美人的化身
夜之君臨天下最受燈火們的歡迎

── 日誌詩

夕陽

夕陽紅著眼睛
看了看那漸遠漸模糊的山
便將頭一低
黯然地走了
祇聽見晚風在嘆息

── 日誌詩

輯四　六分儀

人生的構圖

方形的時間
圓形的生命
曲線的生活
菱形的感情
就這樣加減乘除
構成奇妙的一生

——海韻

命運的主人

那敢於向一切權威挑戰的人
曾豪情萬丈地說
「我要做自己命運的主人！」

而現在，當他一坐上汽車或飛機
卻不禁默默地對著司機或機長說
「我的命運全交給了你。」

——海韻

垃圾

所有的垃圾
都曾是人
夢寐以求的寶貝

所有的寶貝
都將變爲
棄如敝屣的垃圾

—— 海韻

命運

昨天，那人猶在群眾大會上
振臂高呼
「命運掌握在我們的手中……」

此刻，卻不知他在何處
當那載著他的飛機
轟然一聲　墜落到了太平洋裏

—— 海韻

答 問

你問我人生
我說：你看那夜空的星星

你問我愛情
我說：你聽那簷下的風鈴

你問我幸福
我默默閉起了眼睛

—— 藍雲短詩選

趕 路

路在跑
跑在你前面讓你趕
人生就是一場漫長的馬拉松賽
不到終點不足以言跑完
保羅說：當跑的路他已跑了
你是否也能像他一樣而無憾

—— 日誌詩

非關顏色

因為怕光
戴了一副墨綠色眼睛
看一切都是黑色

因為白目
分明是團污泥
硬拗說是月光般皎潔

—— 日誌詩

觀點

說藍不藍
說綠不綠
可黑白絕對判然

看山是山
看水是水
何如自天上鳥瞰

—— 日誌詩

裸奔

那人到了一無所有時
便只好一絲不掛
去跑給世界看
心中有一句想說
而未說出口的話
「這就是我的全部財產」

——日誌詩

蚊子之一

蚊子說
我很喜歡你
尤其對你的血液感興趣

「啪」的一聲
祇見那蚊子已粉身碎骨
在一灘鮮紅的血裡

——日誌詩

叫春的貓

一隻思春的貓
在那裡喵　喵地叫
聖人的弟子說：食色，性也（註）
許是有感於這貓的舉動而發
「喵！喵！」的叫聲
可也將你心中那隻沉睡的貓叫醒？

註：亞聖孟子的弟子告子語。

—— 日誌詩

往事之一

一隻
二隻
三隻鳥飛過
恰似千帆過盡水無痕
多少前塵往事在心中
可曾留下半爪一鱗

—— 日誌詩

預演死亡

他每天都預演死亡
或在午間，或在晚上
當死亡真正來臨時
便不會恐懼　哀傷
像忙碌一天後的就寢休息
像漂泊的旅人回到了故鄉

—— 日誌詩

愛情的重量

愛情很重
在初識戀愛滋味的少女心中
愛情重比生命千百倍還不止

愛情很輕
在習於拈花惹草的男子眼裡
愛情輕似用過即丟的餐巾紙

—— 日誌詩

白色康乃馨

初夏的五月
窗外飄雪
母親的臉在雪中浮現

溫馨的五月啊
何以人手一束紅色康乃馨
我的卻是白色

——　日誌詩

死了　沒死

他死了
他的軀體已化為塵土或成灰在罈

他沒死
他的名字依然閃亮如晨星般

他種的樹　還在那裡供人納涼
他寫的詩　有人還在回味其餘甘

——　日誌詩

一夜情

從來電
到落幕
一朵曇花的故事而已

並非橄欖
而是口香糖
嚼罷了無餘味

　　　　　　　　　　　—— 日誌詩

蚊子之二

你非百靈鳥
亦非夜鶯
沒有人會欣賞你的歌聲

有人靠掌聲而活
你因不被賞識到處找人叮
結果在一記掌聲中喪命

　　　　　　　　　　　—— 日誌詩

也是批評家

有啄木鳥的特徵
卻缺乏啄木鳥的個性

是嗜痂癖者
又擅於高帽子的經營

兩隻眼睛一大一小
話長道短由鼻子決定

—— 日誌詩

外遇

不是中饋猶虛
亦非將枯花蕊
無非正餐之餘
一道甜點作祟
千般萬般小心
唯恐踩到地雷

—— 日誌詩

天與地有多遠

天與地有多遠
不遠
它們每天都見面

不像你與她
自她走後
她便不再出現在你面前

—— 日誌詩

如果你是太陽

同一張面龐
不同的人看

有人嫌他太熱
有人說他很溫暖

如果你是太陽
是否在意那些人的月旦

—— 日誌詩

不斷擦拭，以詩

我發覺自己還沒死
當我讀到一首感人的詩
熱淚不禁奪眶而出時

置身在這塵土飛揚的現實生活中
為了保持心靈的明淨
必須不斷擦拭，以詩

———— 日誌詩

當天地都廢去時

當天地都廢去時
有什麼還能存在

一冊薄薄的，或厚厚的詩集
一座高高的，或坐或立的塑像

有什麼還能存在
當天地都廢去時

———— 日誌詩

風

無足無翼
可徐可疾
不須任何證照
悉聽南北東西
但願我能像他
那將樂何如之

—— 日誌詩

往事之二

往事猶在，祇是已變形
有的變成午夜明滅的燈
有的變成牆角的蟋蟀在低吟

變形的往事，糾纏人一生
如留在心中難以磨滅的刺青
刻畫著多少往日的情仇愛恨

—— 日誌詩

黑夜與夕陽

黑夜早就設下了陷阱
等待夕陽一步步逼近

夕陽豈不知他的詭計
於是，佯裝一臉醉醺醺

當黑夜以為他的陰謀得逞
夕陽翻身一變為朝陽，對著他笑吟吟

—— 日誌詩

日 蝕

好嘴饞而大膽的一隻狗
竟想啃日頭
不知那並非台中出產的太陽餅
燙得牠無法消受
又將吞進肚裡的太陽吐了出來
給人們看了一場難得一見的天狗食日秀

—— 日誌詩

XX 黨員

頭，不屬於自己
腳，不屬於自己
鼻子被牽著走
心，早已被棄於臭水溝裡
他不再是原來的那個人
而成了一具沒有淚　沒有血的機器

—— 日誌詩

候診室

每一張臉上都打著？
下一站是哪裡

看見自己的燈號亮了
忐忑的心像接到出征令的戰士般

自診間出來
每一張臉上都帶著！

—— 日誌詩

一走了之

神不知，鬼不覺
更沒有人注意
他何時離開了這世界

有人說：這樣也好
不聲不響地一走了之
何須昭告天下他去了哪裡

　　　　　　　　　　　—— 日誌詩

你在哪裡

不見燈火，不見日月
上帝創造萬物前
你在哪裡？

燈熄火滅，日落月沉
世界的一切歸零時
你在哪裡？

　　　　　　　　　　　—— 日誌詩

白色的歎息

曇花開了
不待明天的太陽升起
便匆匆趕著要回家

曇花謝了
什麼也沒留下
只留下一聲白色的歎息

—— 日誌詩

風與樹

樹羨慕風
卻不知風也有風的悲哀
悲的是找不到他安身立命的所在

風羨慕樹
卻不知樹也有樹的苦惱
苦於自己不能像風可以到處逍遙

—— 日誌詩

誰

是誰拿起筆來一揮
一幅彩色的畫面被塗成烏黑

是誰在鍵盤上輕輕一點
所有的對話，情節被刪除而成空白

每個人都將面對的這一位
卻沒有人確實知道他是誰

—— 日誌詩

未見及見

有一顆星
亮在你目之未及處
你說那裡是虛無

有一個人
你視之如龐然大物
轉瞬間消逝如霧

—— 日誌詩

回首

回首，列車已疾駛而去
方覺自己遺失在車上
那個夢中倩影的身旁

而今只有以三分酸澀的遺憾
拌以七分交會的眼神
釀成酒來慢慢品嘗

── 日誌詩

餌

未必是因為飢餓
誤將那誘人的釣餌看成花朵
喜不自勝地吞下肚後
方知面臨亡命之禍
縱然極力掙扎
想逃也無從逃脫

── 日誌詩

灰爐

一切都過去了
一切都在這裡
過去恁地輝煌
如今都已了無意義
枯木逢春猶能綠樹成蔭
灰爐中的你不復是曩昔的你

—— 日誌詩

落花

花落
鏗然一聲
敏感的詩人
不禁心驚
彷彿瞥見自己
來日的身影

—— 日誌詩

野草

你們雖不高貴
卻是禁得住考驗的族類
不論雪霜或斧鉞加身
甚至被燒成灰
當春臨大地時
你們又成群結隊跑了出來

——日誌詩

淡水河畔觀落日

莫謂「黃河落日圓」（註）
此刻，大而更圓的落日在淡水河上

休論何處落日圓，多麼圓
為何我的夢始終不曾圓過

也許有一天會圓，如那落日
忽地，一顆淚珠不禁打臉上滑落

註：引自王維詩〈使至塞上〉。

——日誌詩

小葉欖仁樹

你的英姿挺拔不亞於檳榔樹
而你的枝繁葉茂卻非他可比
有人欣賞檳榔樹的一派瀟灑
我則對你終年一身蒼翠心儀不已
群樹中，最引我注目的
除卻松柏便是你

——日誌詩

棄婦吟

你在咀嚼
那曾如水蜜桃一般的日子

水蜜桃不是保久乳
幸福也是

你咀嚼的那些往事
如今都成了白蟻般在你心中蛀噬

——日誌詩

山徑

唯詩人深知你瘦好
瘦則可以避免
那熙來攘往的困擾

不見西裝革履的人來就教
也沒一身銅臭者來造訪
你默默守著一山寂靜無煩惱

——日誌詩

寫不出詩來時

寫不出詩來時，會何如
有人像懷孕的女子
臨盆時那般痛苦

寫不出詩來時，會何如
有人像垂釣渭水邊的姜子牙
是否有魚上鉤不在乎

——日誌詩

一生有多長

一生有多長
很長，很長
長得讓你看不到彼岸

一生有多長
不長，不長
約莫一根火柴燒成灰那麼短暫

—— 日誌詩

邊陬

前面還有路嗎？
我已走到了人生的邊陬

天際隱約傳來一聲
「人的盡頭，就是神的起頭」

感謝　神，當我走完這趟世上的路
便由祂引領我去天路上走

—— 日誌詩

冷暖的距離

冷與暖的距離有多長
不是多或少一件衣服可以衡量
它的距離唯有心知道
知道什麼叫世態炎涼
貂皮大衣裹著的可能是冰冷的靈魂
布衣粗服的身上散發出人性的光芒

—— 日誌詩

輯五　七弦琴

仰望

他並不憤世嫉俗
而像既聾且啞的石頭
世界儘管喧鬧
有人儘管炫耀
他都一瞧也不瞧
眼睛只單單仰望
那將再臨尚未來臨的耶穌基督

—— 日誌詩

終點在望

終點站已隱約在望
可喜的是：將卸下勞苦重擔
堪悲的是：有夢還未圓
但看那人，一派閒雲野鶴狀
既不喜，也不悲
何時抵達終點站
似乎與他無關

—— 日誌詩

聽雨

雨，你儘管下吧
我不去散步，在書桌上爬格子也行
不爬格子時，就靜靜坐著
靜靜地聽你在窗外彈琴
聽著，聽著，不知何時進入了夢境
醒來，發覺琴聲已停
我的心靈如水洗滌過的澄明

　　　　　　　　　　—— 日誌詩

風，又發瘋了

風，不知爲什麼又發瘋了
他一發瘋，準會有人倒楣
不是房屋被吹倒，就是淹大水
儘管有人喊著：人定勝天
卻對這瘋子一籌莫展
只有等他走後
收拾他留下來的爛攤子

　　　　　　　　　　—— 日誌詩

畫與框

畫要框好
掛在畫廊牆壁上
供來參觀的人欣賞

而真正的畫，並非在畫框內
懂得欣賞畫的人猶如賞花
往往會尋覓那在畫與畫框外
別有一番天地的美

—— 日誌詩

也是幸福

雷聲隱隱
天將雨乎
一隻夜貓子起身
去端了一杯茶，然後坐下
側頭望了一眼那已進入夢鄉的伊
嘴角漾起一抹笑意
嗯！這不也是一種幸福

—— 日誌詩

孤星吟

你非陳子昂
竟也有如他登幽州臺的神情
形單影隻的你
獨步天庭
一腔衷腸訴與誰聽
四顧茫茫
茫茫宇宙中，何處是歸程

—— 日誌詩

山嵐

山嵐喜歡惡作劇
常常用一條白手絹
將山的眼睛蒙住
讓他無法分辨南北東西
不知道該往哪裡去
而呆頭呆腦地站在那裡
一站便佔了無數世紀

—— 日誌詩

救護車

嗚～哇，嗚～哇……
所有的行人　車輛都讓路
救命勝似救火
紅燈也暢行無阻
人非螻蟻
唯有此時
方知生命的可貴處

———日誌詩

月亮與太陽

那人在唱：月亮代表我的心
你摀著耳朵不想聽
你說：月亮善變
難以讓你信任
你鍾情如太陽般的人
始終表現男子漢的真性情
才值得你對他託付終身

———日誌詩

穹蒼在哪裡

穹蒼在哪裡
它在你永遠到達不了的地方
一如　神
你永遠看不到祂的面光
除非你抬起頭來仰望
不再專注地上的繽紛燦爛
你將看到　神與穹蒼就在你頭上

—— 日誌詩

輯六 八行書

聞歌

有如百靈鳥聲的婉囀
又似醇酒般的引人欲醉
在你的歌聲裡
我已忘記了自身的存在

像一泓清泉
洗滌了我心靈的積鬱和塵垢
像一葉銀舟
載我遠颺於另一個宇宙

—— 萌芽集

五月

你這溫文雅麗的美人兒
你又從天國旅行回來了麼
我是何等欣喜地歡迎你
而你給我帶來了些什麼呢

你帶來了醇酒一樣的空氣
你帶來了滿地的芬芳
啊！你更帶來了青春的魅力
我爲你而沉醉了，沉醉了

—— 萌芽集

忘憂草

我們的臉是永遠微笑的藍天
憂鬱是雲，存在於瞬息之間
縱有落雨的日子
而陽光照著，晴朗依然

我們的心是一片綠色的草原
當詩神漫步其間
遂如春臨大地
乃有愛著撫以柔荑的感覺，而陶然……

—— 一九六二、五　石牌
—— 海韻

星星與花朵

星星望著花兒說：
來吧，到我這兒來吧！
你看這兒的天空多遼闊。

花兒回答星星說：
不，還是你來我這兒吧！
你可知道這兒的泥土多芬芳？

一天，星星夢見自己是朵花，
花兒夢見自己是星星。

—— 一九六三、六　石牌
—— 海韻

遊子淚

浪跡天涯的遊子
風來　風裡去
雨來　雨裡去
是猛虎　也要向其迎擊
但當母親節的歌聲響起時
他卻獨坐一隅
像一頭受傷的獅子
黯然欲泣……

附記：母親節前夕，於一小吃店中，聽收音機播出紀念母親節歌聲而作。

— 一九六五、五、八　花蓮
— 海韻

一盒蘋果

一盒蘋果，兩噸的重量
自那小小的手中
跋涉千里而來
落在我的心上

落在我的心上
一盒蘋果，是滿天星光
在這晦暗的日子裏
我聽見了知更鳥的歌唱

附記：日前微恙，楊（雲峰）、黃（慧卿）二生來訪，並贈以蘋果一盒。蓋其年猶小，此蘋果乃平日積存之零用錢所購者也，情非尋常，感動不已，因草此詩誌之。

— 一九六七、五、十一　台中
— 海韻

噴泉

為了否定宿命論
你極力向上奔
看你不斷地上去下來，下來又上去
我像看到了薛西弗斯的身影
縱然失敗
是你註定的命運
我卻十分欣賞
你這種與命運抗爭的精神

—— 一九七七、七 板橋

—— 海韻

墓誌銘

一個流浪者的墓誌銘：
這是世界上最美好的地方
沒有噪音擾人
沒有空氣污染
戰爭到此止步
重擔於焉釋放
我一來到這裡就不想走了
這裡才是我永恆的故鄉

—— 一九八八、五、廿六 板橋

—— 海韻

效法太陽

每天與太陽同步起床
他去做他的事
我去上我的班
他滿懷熱忱
從來不曾厭倦
我要效法太陽
在我所到的地方
散發著熱和光

—— 一九九四、四
—— 燈語

清明雨

清明時節雨
遊子最怕讀的詩
一滴滴，一字字
都是春蠶吐的絲

絲有盡時
心中的雨何時止
遙望拱木處
淚乾猶欲哭

—— 一九九六、四
—— 燈語

朝陽

突破了夜的封鎖
你一躍而出
或從海面
或從山巔

因著你的出現
黑暗時代宣告結束
在你勝利的光芒下
大地展現一片歡顏

　　　　　—— 一九九一、三
　　　　　　—— 燈語

叮嚀

早晨，最動人的聲音
不是林中的鳥鳴
不是教堂的鐘聲
而是母親的叮嚀

那一聲聲叮嚀
有如引導你前進的燈
含著多少期許
流露多少關懷之情

　　　　　—— 一九九一、五
　　　　　　—— 燈語

朝露頌

雖然人生短促
你卻不曾自尋煩惱
在你那晶瑩的眸子裡
始終含著怡然自足的微笑

你服膺愛的真諦就是犧牲
爲了不願白來這世間一遭
你樂意將自己的生命
奉獻給那些小花小草

—— 一九九一、八

—— 燈語

待發

夜再深　再長
也無法阻止晨曦造訪
席夢思雖然很柔軟
終非理想展翅的地方

當第一道曙光來叩窗
你的心中便該發出回響
說你正在束裝待發
將去追尋你夢寐以求的理想

—— 一九九四、六

—— 燈語

晨讀

春天的早晨宜讀詩
夏天讀愛情故事
秋天適於讀武俠小說
冬天讀偉人傳記

不論是貧是富
每天早晨讀點書
心靈才不會空虛
日子才不致虛度

　　　　—— 一九九四、六
　　　　　　—— 燈語

迎向前去

昨夜的夢魘已逝
祇見那曙光載欣載奔
彷彿銜命報訊的使者
到處宣布黎明奏捷的喜訊

頃刻間，遠天幃幕啓處
面露微笑的朝陽蒞臨
萬物欣欣然，迎向前去
在這充滿希望的早晨

　　　　—— 一九九五、二
　　　　　　—— 燈語

野柳速寫

野柳不見柳
但見一孤零零的女王頭
在濤聲盈耳的海邊
守候那久別未歸的沙鷗

潮湧而至的遊客
有誰了解她的哀愁
唯一值得慰藉的是
那些去而復來相伴的漁舟

——一九九六、七
—— 燈語

旁觀者

—— 記一隻喪生輪下的貓

讓他解脫了的，那車輪
不知急奔而去到了何處
而他靜靜地躺在這路邊
竟如此悠然

他露出牙齒　咧著嘴
似在嘲笑那些來來往往的人
鎮日不停地奔波
到底為了什麼

——一九九一、十
—— 燈語

尋訪六記

尋人記

穿街過巷，只見一張張
馬蒂斯筆下的面孔
那些物化爲火成岩的心靈
一個個臃腫得有如汽油桶

這世界，打什麼時候開始
變得愈來愈浮華而空洞
觸目所及，盡是光怪陸離
我所要找的那人，始終如夢

覓職記

不仕　不商
瘦成一株唯清影相依的竹子
舌耕罷而已臨夕照時分
餘力猶堪幾許奔馳

欲覓人生第二春
卻到處布滿狐疑
在這闇昧且寒意襲人的時代
但願能步武普羅米修斯

探險記

我不是愛麗絲
但與她同屬夢幻國度的人
為探索那陰暗中的光源
一度幾乎以身殉

這世界最蠻荒的地方
不曾使我怯於進軍
而令人膽戰心寒，為之感歎的
是處處陷阱的都市叢林

問路記

走著走著
未料來到一個十字路口
我搔首踟躕
不知該向左抑向右

於是我問路旁的一老者
祇見他默默地直搖頭
（原來他雙目已失明）
我便繼續朝自己認定的方向走

求醫記

近來時常頭暈
夜裡也睡得不寧
我去求診於一門庭若市的醫院
希望能改善這情形

為我診察的，據說是位名醫
看他那乾橘子皮的臉上，似睡未醒
聽了我的主訴後，他擠出一絲笑容說
「不要緊……我也有與你同樣的病」

訪友記

那天，忽然想去看一個朋友
想到我們會面後的把酒吟唱
我便一路又是車，又是船
逸興遄飛地來到了他所在的城邦

這時我才發覺：竟忘了他已遷居
也罷，見面的喜悅既在來時的路上豫嘗
此番未見，沒什麼好遺憾
人生　豈不就是這樣

　　　　　　　── 一九九五、十

　　　　　　　　　── 燈語

廣場一瞥

在幕斯科廣場
有一尊偉人的塑像
許多崇拜他的人
常來頂禮瞻仰

一天，有隻小鳥
竟來拉屎在那像的頭上
然後得意地叫了一聲離去
也不管看見的人如何想

　　　　　——一九九五、十一
　　　　　　　——燈語

大樹與小草

有一棵樹
高大　挺拔
一派自命不凡的樣子
嘲笑那些小草小樹不如他

一天，不知哪來的野火
所有的草木都被焚燒
一堆灰燼中
誰卑？誰高

　　　　　——一九九六、六
　　　　　　　——燈語

神女峰

生來就供人仰望
在高聳的萬丈巨崖上
多少人不遠千里而來
爲了一睹你神秘的風采

無論遠望或近觀
你都教人遐想聯翩
朝雲行雨何其美
更有腳下長歌的江水

　　　—— 一九九七、九、十七於「馬可波羅」遊輪上
　　　　　　　—— 未結集

送別

—— 給遠行的劉菲 (註一)

燭炬化灰光猶在
在你走過的路上
在你留下以及友人懷念你的詩裡
將成爲永遠不滅的星芒

曾經是詩壇的一名旗手
令人側目的一扇長耳朵的窗 (註二)
你沒有向生命交白卷
雖然你離去時，不禁讓人哀傷

　　註一：劉菲於二〇〇一年九月三日因攝護腺癌不幸去世。
　　註二：《長耳朵的窗》爲劉菲著詩評論集。
　　　　　　　—— 二〇〇一、九、十
　　　　　　　　　—— 隨興詩鈔

台北的冬天

台北的冬天
總是善變而令人莫測高深
一會兒陰，一會兒晴
不瞭解她的誤以為她是春

台北的冬天
有如遲暮而猶未出嫁的女人
說熱不熱，說冷不冷
瞭解她心事的只有天上的雲

　　　　　　　　　　　—— 隨興詩鈔

雷　鳴

天恆沉默
偶爾也會雷鳴
他不發聲則已
一發就要萬物洗耳恭聽

天恆沉默
當那些醜類橫行
讓他忍無可忍時
便痛加斥責　嚇阻其行徑

　　　　　　　　　　　—— 隨興詩鈔

公孫龍之言

且聽他的歪論
白馬非馬
男人非人
女人也是

然則誰是人呢
是人的人
凡非人者
非鬼即神

——隨興詩鈔

雪

誰能像你
不改本色
無論多麼天昏地暗
始終保持一身潔白

你原屬於水
將化水而去
有人愛看一樹梨花怒放
我則欣賞你的闃然自處

——隨興詩鈔

也是羅生門

一隻兔子不見了
人們議論紛紛

甲說：牠躲在草叢中
乙說：牠掉入了陷阱

張三說：牠被一株樹撞昏送去急診室
李四說：牠已跑進老饕的肚子裡

王五說：在這野地根本沒有什麼鬼兔子
趙六說：你的眼睛有問題

—— 隨興詩鈔

天生尤物

明明是座火山
偏偏有人說她是水做的
噢！原來是水火同源
那令蜂蝶迷醉的天生尤物

那令蜂蝶迷醉的天生尤物
有時候是水，有時候是火
如你一旦成了她的俘虜
不知是福，抑或是禍

—— 隨興詩鈔

雪花吟

非塵非土
你來自於水，復歸於水
短短的一生，默默地度過
你似乎不若那爲眾人鍾愛的玫瑰

而你自有不同於塵俗的風采
豈是下里巴人可媲美
煙花三月的景象縱然令人嚮往
唯你的冰玉之姿令我沉醉

—— 隨興詩鈔

女人的頭

少了一根肋骨
依然是女人的頭（註一）
別問爲什麼，祇因當初
上帝造亞當在先，夏娃在後

然而，時移勢易
所謂昂藏大丈夫
在現代夏娃的眼裡
不過是爬蟲動物（註二）

註一：見《聖經》創世紀二章 21-22 節、
　　　　　　　以弗所書五章 23 節。
註二：見張曼娟著《我的男人是爬蟲類》。

—— 未結集

雨中樹

雨，萬箭齊發般射來
人們紛紛躲避
你無處可躲，也不想躲
敢於面對舖天蓋地而來的攻擊

你像那一無所懼的月宮桂樹
即便是吳剛的巨斧也砍不倒你
雨勢再大撼動不了你堅毅的意志
你永遠永遠不改對故土的戀依
　　　　　　　　—— 未結集

如果我是一盞路燈

如果我是一盞路燈
果真能照亮每個人的心？
我祇是不屈服於黑暗的統治
是一個敢於向撒旦說不的人
一切世態炎涼早已看慣，祇愛把
盞寂寞如酒，默自獨飲
路就在你的腳下，請照我的指引走
燈是我的本名，守護你是我的本分
　　　　　　　　—— 未結集

落葉

望著地上一片一片的落葉
有時不忍踏去
想必他們都曾意氣風發
高歌　笑傲過
而今淒涼如許
滿懷感傷向誰訴
而我，來日是否也會 ——
也會像他們這般結局

—— 日誌詩

人心

有的人，心很大
巴不得將全世界吞下
每天都在找東西往裡面塞
有羊有象有鯨鯊

有的人，心很小
小得像綠豆，像芝麻
凡事都要與人計較
唯有讓他佔盡便宜方作罷

—— 日誌詩

家之素描

他與她
水與火
原是一雞加一虎
後來卻成了豬、鼠、牛、狗……的窩（註）

但，這裡並非動物的棲身之所
而是一座四季馥郁的花園
洋溢著一片溫馨祥和
彷彿那不知有漢，無論魏晉的桃花源

　　　註：雞、虎、豬、鼠、牛、狗等，為中國人特有之生肖名。
　　　　　　　　　　　　　　　　　—— 日誌詩

白鷺鷥

你不屬於天下一般黑的族類
清白是你一生持守的心志
默默立於水田邊
一如那白蓮
腳下縱然是污泥一片
愛惜羽毛的你，從未被沾染
當你結伴翱翔天際時
成了最引人注目的一首詩

　　　　　　　　　　　　　　　　　—— 日誌詩

人與寵物

一個失去雙腳下肢的人
坐在熙來攘往的車站前
他以販賣口香糖向世界討生活
世界讓他看見
他還不如打他面前而過
那女子懷抱中的寵物令人艷羨
但我卻從他的眼神中
看見人之所以為人可貴的一面

—— 日誌詩

不滅的星光

—— 讀張秀亞著《北窗下》有感

北方天空的一顆星
望著窗內一個人
對她講述一個又一個故事
讓她寫成一篇又一篇詩或文

她的詩，她的文
撫慰了多少寂寞的靈魂
如今，斯人雖已遠去
她卻永遠如那星般吸引人

—— 日誌詩

微笑

春風吹拂
蓓蕾初放

湖面解凍
碧波蕩漾

醉人的醇醪
無聲的樂章

嗔怒化玉帛
不見了心牆

——日誌詩

問上帝

蜘蛛　螞蟻　蜜蜂
你問牠們生存的意義
不是沉默，便是嗯嗯以對
牠們似乎不屑回應你的問題

你若問我人生的意義
我會告訴你：去問上帝
祂將讓你了解一切
以及你不曾了解的自己

——日誌詩

拾荒者

一身襤褸
滿懷希望
他希望的並非功名利祿
但求拾得破銅爛鐵盈筐

破銅爛鐵不都曾光鮮亮麗過？
而今卻被他拾來送往資源回收場
他想：自己也將有一天
成為另類資源回收的對象

— 日誌詩

貓

一副懶洋洋的神態
假裝成貴婦人的模樣
聲音很嗲，有點甜味
說她美
恐不及萬分之一的楊貴妃
但也不見得很醜
（還有比她更醜的豬　猴）
所以，談不上我對她喜不喜歡

— 日誌詩

不意

自寵物店裡跑出的一隻兔子
呼吸自由的空氣
心中喜滋滋，爲擺脫那樊籠而慶幸
今後又可奔馳於那遼闊的天地

當牠正欲向前跑去
不意，一輛市虎疾駛而至
迎面撞得牠血肉橫飛
一個追求自由的生命就此消失

　　　　　　　　　—— 日誌詩

趕時間

時間，時間
你是跑的，還是飛的
不論我如何趕
爲何總是趕不上

腦中忽然起霧了
是我趕時間
抑或時間在趕我
到何時才不趕

　　　　　　　　　—— 日誌詩

夢遊者

說他醉了
他可從不貪杯
說他醒吧
他比任何酒徒更似醉

他愛放言高論
沒有人聽懂他說的話有什麼意義
他常到處遊走
卻不知道哪裡是他要去的目的地
　　　　　　　　　　—— 日誌詩

貓的難題

戀愛的季節
常有第三者闖入
左邊是垂涎久矣的魚
右邊忽然出現一隻鼠
花心的貓
陷於兩難的苦
祇見牠搔首撚鬚在沉思
魚乎？鼠乎？
　　　　　　　　　　—— 日誌詩

想飛的樹

一株想飛的樹
枝葉葳蕤若華蓋
像羽毛已豐的鳥
想去天空逍遙

你非宿命論者
魚也不是
離了水的魚，命運如何
那也將是你離開了泥土的後果

——日誌詩

有限・無限

手能掌握的有限
心中嚮往的無限

有限的是人
無限的是神

有限的人進入無限的神裡
猶如進入汪洋大海的小溪

小溪進入大海成了大海的一部分
人進入神裡而有了神的生命成分

——日誌詩

四月

誰說你殘酷
你不過是善變而已
像戀愛中的少女
你有許多不願被人知道的秘密

看你時而笑逐顏開
時而蹙眉蹙額的樣子
你是我讀過的詩篇中
一首最費解而又最堪尋味的詩

> 附記：T.S.艾略特在其名著〈荒原〉首句有「四月是最殘
> 酷的月份」之語。是耶？非耶？可能因人體會而有異也。
> ── 日誌詩

雨中漫步

撐著傘，在雨中漫步
愉悅勝似古人閉門讀禁書
聽著雨滴在傘的上面
像聽著舒曼的幻想曲

撐著傘，漫步在雨中
有若浴後洗卻一身塵垢的清爽
看著雨滴落在地上
彷彿發現朵朵花兒在歌唱

── 日誌詩

昨天

昨天，任你呼喚千百遍
他頭也不回，一溜煙地走了
徒留在記憶中的畫面
不時挑逗著你對他的晝思夜念

昨天，任你對他晝思夜念
他既已絕情地棄你而去
豈會再回到你的身邊
何不展臂擁抱那向你走來的明天
　　　　　　　　　　—— 日誌詩

人生協奏曲

紅色的歡唱
黑色的悲吟
藍色的喟歎
綠色的吶喊
黃色的長嘯
白色的呼喚
紫色的低語
譜成一闋人生協奏曲
　　　　　　　　　　—— 日誌詩

影子的長度

影子有多長
不是看那人有多高　多重
而是看他散發的光和熱
有多少留在人們的心中

影子的長度
不是自己說的算數
究竟有多長
歷史老人最清楚

——日誌詩

細雨

細雨如霧
踏著仙女似的碎步
來到我家陽台的花壇上
偷偷與那些花兒會晤

今晨，我走到花壇前
聽見其中一朵花兒在喃喃自語
歡愉的時光總是那麼快消逝
昨夜給我滋潤的雨不知去了何處

——日誌詩

捉迷藏

月亮與太陽
一直在玩捉迷藏
竟然樂此不疲
不知玩到何時才收場

現實與理想
也像在玩捉迷藏
有人玩到半途不玩了
有人非追到手不肯放

——日誌詩

晨花

花，在早晨最美
因爲有珍珠般的露水滋潤
而善妒的太陽跑來
刹那間，便將那些珍珠一掃而盡

爲了不願錯失與晨花的交會
我常先太陽而臨
在那有如出浴的麗人前
飽嘗了美的清芬

——日誌詩

生死測驗

大智若屈原
不願苟活於一時
自沉汨羅江
從此永活在世人心裡

生是填充題
死是選擇題
人生如考場
切莫交白卷

—— 日誌詩

夫妻樹

千千萬萬的樹都奉行獨身主義
唯你們二人合為一體成夫妻
那些單身貴族看到你們如此恩愛
不知是羨慕還是妒忌

人世間的夫妻有仳離
你們卻始終擁抱廝守在一起
即便是樵夫看到這般情景
恐也不忍置你們於生離死別的境地

—— 日誌詩

那人走了

那人走了
什麼也沒帶去
縱然他曾呼風喚雨
有過許多追逐

那人走了
什麼也沒留下
即使他曾自詡多偉大
不過是在海灘上堆沙

—— 日誌詩

太陽雨

太陽哭了
流下滴滴淚珠
不知是他想起了傷心往事
抑或蒙受冤屈

不，他不是為自己而哭
因他看到有人生活那麼苦
不禁一時激動
熱淚奪眶而出

—— 日誌詩

下午茶

上午將自己出讓
下午贖回
以咖啡
以茶

下午茶
給心靈放個假
讓緊繃的神經
不妨海闊天空一下

—— 日誌詩

多夫主義者

她是多夫主義者
每天結婚數次或十數次不等
這是她的工作
有空她也會讀讀言情小說或佛經

她是不是享樂派？沒人知道
只知她讓許多男人快樂過
可從未如那名花般爲人欣賞
而被視爲另類公共廁所

—— 日誌詩

眼睛一閉

眼睛一閉
不再張開
不再看這世界的擾攘紛亂
　　　　人間的千奇百怪

眼睛一閉
靜靜地睡
休管那些風聲雨聲與槍聲
　　　　對邪惡的憤與悲

—— 日誌詩

網中魚

那些被網住的魚
不甘讓自己的生命就此結束
急得在網中亂跳
都想回到海裡去

而海離她們愈來愈遠
不論如何掙扎都是枉然
最後，一個個只有認命
成了饕客們的盤中餐

—— 日誌詩

鵝

那說你是呆頭鵝者，一定不知道
你曾教王羲之寫出一手絕世書法
並授以王永慶瘦鵝理論而致富
一派學者形象的你
不屑理會那莫名所以的嘲諷
依然邁著你的八字步
或悠遊於一池清水中
偶爾也會引吭高歌一曲

—— 日誌詩

是誰奪走我所愛的那座遠山

那個叫什麼大樓或大廈的莽漢
請停步，不要再往上攀了
再往上攀，即便是 110，201……
天空永遠是你可望不可即的夢
而你竟橫刀奪愛
將那座我在陽台上
每天都與她相望兩不厭的遠山隔開
從此，我們只有偶爾在夢裡相會

—— 日誌詩

留言

那人在遠遊前
給唯一的知己留言
此去千山萬水
不知再見何年
收在我行囊中的有
七分祝福，三分懷念
其他一概不帶走
我與這世界兩不欠

——日誌詩

氣象報告

氣象報告：今天午後雷陣雨
許多人帶傘外出
彷彿是場惡作劇
天空的烏雲倏地散去

太陽露出笑臉
似在笑萬物之靈的人
今天是晴是雨都未必逆料到
如何誇稱可以掌握自己的命運

——日誌詩

彩虹的重量

沒有人知道彩虹的重量
除非有過失戀的創傷
彩虹的重量究竟有多少
看他彎腰的弧度就知道

人們只看見彩虹的美
卻不知道他收集了多少失戀者的淚
許是他不勝負荷那些淚水的壓力
一轉眼就逃去不見蹤跡

—— 日誌詩

根說

我不願拋頭露面
祇嚮往隱居的生活
縱使眾聲喧嘩，百花競秀
絲毫影響不了我
至於枝葉或榮或枯
或結多少果
非我最關心的事
我只在意如何找到更深的著落

—— 日誌詩

又聞蟬鳴

燠熱惱人
又聞蟬聲
那千年不變而無新意的調子
有誰愛聽

莫謂沒有知音
但問是否如鶴鳴
你縱使聲嘶力竭叫不休
何若一鳴天下驚

—— 日誌詩

薰衣草

不搶眼
卻香氣撲鼻
不以姿色傲人
但有引人欲親芳澤的魅力

小家碧玉的你
從不與人鬥艷爭奇
你含蓄而潔身自愛
不像那賣弄色相者招人非議

—— 日誌詩

枯葉的感嘆

一切都晚了
那片日漸枯黃的樹葉在感嘆
迎風高歌的日子已遠颺
前面的路愈來愈窄愈幽暗
踽踽而行在這條單向道上
可以回顧，卻無法回轉
回顧徒增感傷
何不坦然以對那將來臨的長夜漫漫
　　　　　　　　　　　—— 日誌詩

聞蟬有感

蟬在吟詩
詩中充滿禪意
他只吟一個「知 —— 」字
不知有多少人明白其真諦

像當年站在雅典街頭的蘇格拉底
對著路過的人說：你要了解自己
可是馬耳東風，自古至今
真正了解自己的恐比晨星稀
　　　　　　　　　　　—— 日誌詩

我與樹

每天都打這條路上往返好幾趟
不禁羨慕路旁的那棵樹
看他生活得那麼悠閒自在
不像我這麼疲於奔命地跑來跑去

既而一想
上帝給我造了兩條腿
豈不就是讓我可以到處跑
而樹一定有著不能任意走的悲哀

—— 日誌詩

無名氏

他，許多人都知道
有的知道他性情和善，生活儉樸
有的知道他曾從事教職，愛好詩
寫詩的朋友知道他的筆名和本名
卻沒有人，甚至他的家人都不知道
他還有另外一個名字：無名氏
那是他用在捐助公益時
也是許多像他一樣者共用的名字

—— 日誌詩

琵琶鼠

魚缸中的清道夫
既非琵琶
亦非老鼠
卻被取了這個不倫不類的名字

你不在意人們對你的稱呼
祇知默默從事環保工作
不像有的人，名雖冠冕堂皇
做的卻是見不得人的事

—— 日誌詩

儘管走

夢醒後，天亮前
有多少路還要走

夜復夜，日復日
人生的道路，如天地悠悠

那麼，儘管走吧
莫問還要走多久

儘管走，除非走到了路的盡頭
走到倒下來時方罷休

—— 日誌詩

非因風的緣故

那片樹葉落下
非因風的緣故
歲月以眼神對我暗示
無風，他也會走上那既定的路

非因風的緣故
那片樹葉落下
每個人到了該離去時
有誰？可以藉詞賴著不肯回家

——日誌詩

異　類

風骨錚錚的那漢子
屹立於滾滾濁流中的一砥柱
他不識東西南北風
唯知自己並非無根的浮萍

眼看那些識時務者一個個逐流而去
他才發現自己是多麼孤獨
但他縱使滅頂亦不悔
自甘成為他人眼中的異類

——日誌詩

炎陽高照

炎陽高照
許多人的心中有火在燒
都想找一個地方
逃避烈日的燒烤

這時，那愛唱高調的蟬
卻喜滋滋地在叫
不知他是自鳴得意
抑或在對那些怕熱的人嘲笑

―― 日誌詩

雨中漫步

路，不是很濕
可以撐傘，也可不
我喜歡在這如絲細雨中
去到那人跡稀少的地方漫步

雨，無聲地落下
有如夢影飄忽
我彷彿瞥見那尾游在濠水中的魚
渾然忘了自己在這人世間的苦

―― 日誌詩

樹高千丈總有根

有人否定自己說
過去是過去，現在是現在
現在與過去已經一刀兩斷
可是，樹高千丈，難道憑空而來

父母子女可以聲明斷絕關係
關係可以斷，卻斷不了血脈淵源
哪個孤兒的心中不深切盼望
盼望能與親生的家人團圓

—— 日誌詩

明天的太陽

明年此日此時
不知我會在哪裡
且把活著的每一天視為世界末日
無論是否能看到明天的太陽升起

太陽明天依然會升起如昔
不告而別的青春卻已不見蹤跡
原來良辰美景如朝露
忽焉日薄崦嵫徒歎息

—— 日誌詩

沒有月亮的夜晚

沒有月亮的夜晚
星子們的歌聲一個比一個響亮
整個天空被她們霸佔
瞧！她們那得意的模樣

可是不久，她們便意興闌珊
有的露出倦態，眼睛欲張不張
有的趁夜深，黎明將臨前
已悄悄溜走，不知去向

—— 日誌詩

養鳥的人

一個愛鳥的人
將鳥養在天空的大籠子裡
看牠們上下左右飛舞
心中有著莫名的欣喜

一天，他不勝訝異
發現那些鳥兒已不見蹤跡
原來在籠子裡的並非那些鳥兒
而是到處碰壁的他自己

—— 日誌詩

混水

這汪水是如此混濁
既看不見雲的投影
也不見那山倒映其中的輪廓
納席薩斯來恐也只能望著這水發愣

可有人竟以蹚這水為樂
毫不避諱這種為他人不齒的行徑
且自認唯此有魚可摸
哪裡在乎這水乾淨不乾淨

—— 日誌詩

花店一瞥

在這裡的每一張臉上
寫的都是絕望
縱或強扮笑顏
無非像以歌當哭者一樣

明天何去何從
不論是歡樂慶典的會場
抑或哀悼祭奠的殯儀館
你們都有身不由己的哀傷

—— 日誌詩

秋老虎

時序已屆仲秋
烈日依然咄咄逼人如許
她使起性子來的火辣不亞於夏陽
難怪人們說她是秋老虎

秋老虎，任她再逞強
已顯露強弩之末的敗徵
不消多久，金風送爽
便將聽到天涼好個秋的歡呼聲
—— 日誌詩

貓鼠鬥

貓與鼠有著不共戴天的世仇
儘管貓在平日擺出一副紳士狀
一旦遇見鼠，便凶相畢露撲殺過去
哪裡還顧得什麼優雅的形象

而目睹窮鼠嚙貓的畫面時
不由得想起社會上那些鼠輩橫行的猖狂
貓鼠鬥的結局，慘敗的定是鼠
正如邪惡終難得逞，正義必將伸張
—— 日誌詩

他是誰

他哭　他笑
他跑　他跳
他呼喚　他吶喊
他左衝　他右闖
沒有人真正認識他
直到有一天他倒下來
躺在那裡一動也不動了
人們才知道他是誰

——日誌詩

＞，＜

1>2，或<2
並非數學問題
正如先有雞，抑先有蛋
也無關推理

所以，當你看見這世界上
有人高唱公義未必公義
倡導和平卻又準備戰爭
便知何以值得崇拜的只有上帝

——日誌詩

白衣天使詠

沒有人見過天使
莫非你們就是天使的化身
臉上始終綻放著不謝的花朵
親切的話語滋潤了患者的心

人稱醫生妙手回春
你們則如春風般的溫存
有你們的悉心護理
十分病痛都會減輕三分

— 日誌詩

綜合果汁

人生像一杯綜合果汁
其中含有若干必然與偶然
必然的想逃也無從逃避
偶然的常在無意中出現

綜合果汁的滋味不止一種
有辛酸有也甘甜
既然這杯果汁已端在手上
就得喝下，不論你喜不喜歡

— 日誌詩

微雨心情

微雨心情
像欲哭又怕哭出聲來的女子
是哀？抑怨
無人知道她的心思

默立陽台欄杆邊
凝視這霏霏細雨
我彷彿聽見多年前
那個叫蘇蘇的女子在我耳畔低語
　　　　　　　　　　—— 日誌詩

偷偷的愛

我們曾經偷偷地愛著
像地下的種子偷偷地萌芽
當人們發現時
你我的愛已是綻放樹梢的木棉花

後來經過多少風雨的考驗
人們方知我們相愛何其深
每次倒帶到那段偷偷的愛時
往往相視而笑說：我怎會愛上你這人
　　　　　　　　　　—— 日誌詩

躲

左躲
右躲
永遠躲不了自己
躲不了自己曾犯的錯

你原可不用躲
堂堂正正地站著
誠實而勇敢面對自己
躲東躲西無非顯示你的怯懦

—— 日誌詩

霓虹燈

總是一襲艷裝
向熙來攘往的路人
頻拋媚眼
除卻盲者，無不被你吸引

有人欣賞你帶來的歡樂氣氛
有人說你掩飾了那些蛇鼠橫行
許多純潔的靈魂
因你而墜入了黑暗的陷阱

—— 日誌詩

閒情詠

在忙得喘不過氣來的隙縫中
偶而拂過一絲清風
有如逃脫囚籠的鳥兒
振翼飛向遼闊的天空
又像燠熱的夏日雨後
展現天際的一道彩虹
這時方知人生可貴的是閒情
片刻的閒情比黃金萬兩還貴重

　　　　　　　　　　── 日誌詩

搬家

家是什麼
可以搬嗎？

可以搬的是家具　衣物
搬不走的是莫名依依情

不論你曾搬過幾次家
最後都得還要搬一次

最後一次搬家，搬去哪裡？
有人說是天家，有人說是回老家

　　　註：去天家，是基督徒的說法。回老家則是一般中國人的
　　　　　說法。

　　　　　　　　　　── 日誌詩

品質

詩人都要寫詩嗎？

當然，詩人不寫詩，誰寫詩？

難道所有的樹都結果子？

可是，不結蘋果的樹能叫蘋果樹嗎？

那麼，凡寫詩的人就是詩人？

倒也未必，得看他寫的是否真的詩？

詩人除了寫詩，可有什麼須注意？

品質！包括他的人和詩

—— 日誌詩

花與畫

那人去參觀梵谷的畫展時
特地到花店買了一束薊花
當他來到梵谷的畫作〈薊花〉前
便捧著手中的那束花來比對
看梵谷的畫與那花的差異在哪？
不一會兒，只見他快步走出會場
將手中的那束花扔進了垃圾桶
而買了一冊梵谷的畫帶回家

—— 日誌詩

微笑彩俑

沒有姓氏與名字
不知出自何人的巧手絕技
埋沒了千年出土後
讓無數人為之著迷

你們的神采笑容
堪與夢娜麗莎媲美
夢娜麗莎讓達文西名垂不朽
你們則成了中國人炫耀的寶貝

—— 日誌詩

跑步運動

跑，不停地跑
非讓汗水出來認輸不止
它是你的假想敵
你一步一步緊追著
逼得微汗　大汗
紛紛出來求饒
你方停下來喘口氣
欣然於已達此行目標

—— 日誌詩

貉

滿街的貉
披著人皮在跑
一面扮演公僕狀
一面偷偷刮取民脂民膏

滿街的貉
披著人皮在跑
誰說民眾的眼睛是雪亮的
是誰豢養了這些人皮獸心的貉

——日誌詩

不要悲傷

落日說
請不要悲傷
我離去
為了讓星星　月亮出來供你們欣賞

落葉說
請不要悲傷
我離去
為了給明年新生的葉子空出地方

——日誌詩

老爺車

一輛使用了將近八十年的老爺車
現在只能行駛在慢車道上
再也不像從前那麼敢於狂飆了
唯恐三不五時發生故障

車上零件修的修，換的換
整個車子還曾數度送廠維修　保養
這老爺車何止走過八千里路雲和月
祇是回首來時路，難掩些許蒼涼

　　　　　　　　　　　—— 日誌詩

輯七　九宮格

月亮與詩

月亮笑著，薔薇花般
有人對著那花兒
編織一個一個的夢

月亮哭了，淚流滿地
有人蘸著那淚水
寫成一篇一篇的詩

月亮不見了
她被詩人藏起來了
要讀詩才知道她在哪裡

—— 隨興詩鈔

太平間

流浪的休止符
回家必經的路
所有的喧嘩在此凍結
愛恨情仇已成雲煙
這是最好的避難所
遠離戰爭　憂患
不再見到索債的人
關起門來睡大覺
但求此間太平

—— 日誌詩

騙徒

將心染黑
再把臉皮變厚
舌頭勝似盛開的罌粟花
到處挖坑設陷阱
讓那些不知就裡的人
一個個往裡面跳
他正得意於詭計成功
不料腳一滑
跌入自己挖的坑中

—— 日誌詩

債

套在脖子上的鐵鍊
重量與日俱增
當它壓得人喘不過氣來時
不是千方百計去找開它的鑰匙
便是跳樓上吊向閻王府裡逃

昔日是討債者
如今成了債務人
一株老樹在朔風中嘆息
人生竟是如此弔詭

—— 日誌詩

九份行吟

十分美麗的北台灣
九份美在這裡
一份是山
一份是海
一份是愛跳曼波的霧
一份是依稀猶存的古早風味
一份是小街上摩肩接踵不失其靜
還有幾份無法言喻的美
只堪心領神會

—— 日誌詩

半半樓

來到半半樓
彷彿成了半半人
半是山
半是雲
飽覽眼前如詩如畫的美景
忘卻那千山之外的擾攘紅塵
好生羨慕半半樓主
勝似虛擬桃花源記的陶淵明
覓得如此人間仙境

附記：半半樓位於台北著名之觀光景點九份山上，樓主林
　　煥彰，現任《乾坤詩刊》發行人兼總編輯。四月十二日，
　　與部分同仁相聚斯樓，作半日之盤遊。

—— 日誌詩

燈說

黑夜的邪惡
儘管令人厭惡
卻無法阻止它降臨

這時，有誰能肩負
對抗黑夜的任務
燈說：我能

的確，有了燈
黑夜便不再那麼恐怖
但願這世界上多些像燈般的人

—— 日誌詩

太陽不說謊

太陽不說謊
他有多少熱量，就釋放多少熱量
他能發多少光，就散發多少光

太陽不偏心
他照富人，也照窮人
在他眼中，沒有貧富貴賤之分

太陽不偷懶
他每天按時上下班
上班時間不見他，必是烏雲在搗蛋

—— 日誌詩

馴獸師之死

有一匹獸，常在他的體內蠢動
而他是馬戲團的一名馴獸師
可以喝令那些猴子、老虎
依他的手勢秀出各種舞姿
卻對自己體內的那匹獸
像被繳械的降兵，束手無策
後來，終於受不了那獸的折磨
在一次酩酊大醉時
自那樓上一躍而下，告別了這世界

——日誌詩

不甘心，又奈何

忽然想起那位早逝的畫家（註）
他在臨終時的一句話
「我好不甘心！」

因為他還有許多畫沒完成
尤其是那最好的一幅，還沒畫
而他不甘心，又能奈何

如果，上帝明天要你走
你可甘心而去
在踏上那條不歸路時，如何才無憾

　　註：知名畫家席德進（1923-1981）。

——日誌詩

燈下獨坐

獨對孤燈
思前想後
頓感這世界對我何其陌生

目之所及，杳然
耳之所聞，闃然
我像生活在一座荒島般

抬頭望向窗外
遠處山上的一盞燈
似在一步一步向我走來

—— 日誌詩

死胡同

許多人都知道那條路走不通
更有站在屋頂上的人提出警告
那是一條死胡同
可有些人的耳朵像灌了水泥般
暮鼓晨鐘發揮不了作用
他們以為自己走的是康莊大道
卻不知腳下的路已愈走愈窄
那些在死胡同中打轉的人
始終不清楚通往明天的路在哪裡

—— 日誌詩

望天長歎

那人四處追尋
一個縹緲的夢影
走過多少窮山惡水
穿越多少荊棘坎坷
來到令人目眩神迷的繁華都城
他忽然發覺自己不見了
亟欲回頭去尋覓
卻已路塌 橋斷
祇有黯然望天長歎

—— 日誌詩

敬佩與敬畏

現在看得見的
終將有一天看不見
如那些形形色色的人

現在看不見的
終將有一天會看見
如創造並掌管宇宙萬物的 神

我對某些人的表現
或許感到敬佩
對 神則永遠心存敬畏

—— 日誌詩

命運，誰掌握

「明年的今天，你會在哪裡？」
年逾古稀的他，常常如此問自己
聖人說他五十而知天命
你確定知道會看到明天的太陽升起？
有人正得意如大鵬展翼
詎料忽焉而至的一隻手
將活生生的他變成了殭冷的屍體
命運到底由誰掌握
這恐得去問上帝

—— 日誌詩

三十年

三十年後
你風華正茂
我，想必已消逝無蹤

三十年前
你不知尚在哪裡
我，曾一度妄圖攬世界於掌中

三十年啊！三十年
不過是夢一場
夢醒方知一切原是空

—— 日誌詩

游渦

愛舞蹈的水
不是跳豪放的曼波
便是跳優雅的探戈

跳著，跳著
跳出了一個游渦
且不時引吭高歌

有人看著那游渦入神
不意一跤跌入其中被淹沒
從此那游渦便成了人們眼中的惡

—— 日誌詩

時間的重量

時間有沒有翅膀？
沒有翅膀
卻打我們眼前飛也似的而去

時間有沒有聲音？
沒有聲音
卻讓我們忍不住地驚歎

時間有沒有重量？
沒有重量
卻壓得我們喘不過氣來

—— 日誌詩

輯八　十樣錦

海潮

你，生活在海洋裡的孩子
多麼熱戀著大地
每一次每一次都帶著狂歌和歡笑
奔向那袒臥的沙灘親吻、擁抱
你的熱情澎湃，真使我驚歎不止

可是，你匆匆地來
又匆匆地走了
那隱隱顫動的聲音
是你喃喃自語
還是因離去而咽泣

—— 萌芽集

約會

我總覺得有誰在等我
可是，我卻不知道他在那裡
因此，我常徘徊於此
去了又來
來了又去

也許我倦了
一天，我竟倒在地上
這時有一個影子走來
悄悄俯在我的耳畔低語
「我所要等的就是你！」

　　　　　　—— 一九六二、五　石牌
　　　　　　　　　—— 海韻

葬

埋葬在我心中的一個人
始終死不了
總是在不意間
從蔓草叢生的墳塋中走出來
尤其當我被重重的寂寞圍困時

昨夜，更深人靜
我又聽見那熟悉的聲音
看見那令我癉寐難忘的人影
我發覺我已無力埋葬那人
便開始設法埋葬我自己

—— 隨興詩鈔

然後

然後⋯⋯
那人的舌頭還在半空中打轉
你便一腳踩熄扔在地上的菸蒂
眼睛一翻，瞪著他說
然後　向一切告別
無論是有刺沒刺的花
所有愛過恨過的人
以最高分貝向世界說聲再見
便擁著那一身黑衣打扮的女子
去那遙遠的國度　度你們的長假了

—— 未結集

葛州壩

矗立長江中的大力士
威勇遠非張翼德可比
當你的雙掌緩緩合起
滔滔江水便如馴服的猛虎
在你面前原地踏步
來往的船隻入閘後
漸漸地，彷彿進入了萬丈深谷
復如被魔術師催眠過
醒來時，只見眼前
又是一片天空　江闊

　　　　　── 一九九七、九、十八　於「馬可波羅」遊輪上
　　　　　　　── 未結集

被夢所棄的人

昨夜
我瞥見一個對我爽約的夢
耳際響起一陣貓頭鷹的訕笑聲
忽然聽見有人問我
你不是那喊著要走出現實的泥沼
奔向理想高峰的人嗎？
我苦笑著，搖搖頭說
哦！不，那是我已死的兄弟
我祇是一個患了小兒麻痺症
被夢所棄的人

　　　　　　　　——未結集

見　證

雲
見證了穹蒼的存在

樹
見證了風的存在

給老弱殘障讓座者
見證了愛心的存在

照顧久病的妻子而無怨無悔的人
見證了愛情的存在

願讓異端或無神論者迫害的基督徒
見證了上帝的存在

—— 日誌詩

花開花謝

花開有時
花謝有時
人生如花開花謝
有誰來了能不走
祇是時間早與遲

早走也是走
遲走也是走
走，既然是定數
與其憂這憂那憂不完
何不歡歡喜喜地上路

—— 日誌詩

小巷貓叫

小巷無聲
當我路過時
彷彿走在山中野徑
忽然傳來一聲「喵 —— 」
是誰扔下的石子
打破了一池止水的靜
「喵 —— 」又一聲
那聲音透著一股甜味兒
十分動聽
不知是哪家的貓在叫春

—— 日誌詩

白日夢者的話

一個常做白日夢的人說：如果可能
他將努力去完成以下的事情

首先把恨字從字典中刪除
讓人們忘記它的存在

再把愛注射到人們的血液中
讓每個人都散發出愛的光彩

並消除一切罪惡與戰爭的毒素
讓人類生活如同在伊甸園時代

然後把和平的種子散播到全世界
讓遍地都看到它開出的花朵來

—— 日誌詩

千古難題

山，就那麼山著
海，就那麼海著
你們來看風景
或來撈捕　挖掘什麼的
悉聽尊便

山，可以翻越
海，可以渡過
如何驅走那條盤踞你們心中的蛇
卻是一道無人破解的
千古難題

—— 日誌詩

來去一場空

一九三三年以前
這世界上原沒有我
若干年以後
我自這世界上溜走
一若我不曾來過

我來這世界時，如何赤裸裸
離去時，也沒什麼值得留下的成果
來去一場空
像那雲，像那風
一切都由上帝掌控

—— 日誌詩

關渡花月夜

關內關外關不住的春天
渡來渡去渡走多少華年
花開花謝一若浪花起落
月圓月缺都是引人遐想的詩篇
夜夜夜半有人爲了築夢猶未眠

關門關窗關不住的春光
渡口熙攘不外出航返航
花紅柳綠無非是夢幻一般
月升月落總算來過人間一趟
夜盡天明，且聽是誰在那裡歌唱

—— 日誌詩

五月雪

── 油桐花祭

四月一到
油桐樹便開始笑
到了五月
他們笑得愈來愈熱鬧
這是另類嘉年華會
每條山徑步道
都伸出熱情的手臂在歡迎
迎來一波波人潮
人潮中，笑語洋溢
都道：這五月雪般的景色真美好

── 日誌詩

捕蚊燈

「光明！光明！」
那些在黑暗中摸索的小生命
像在沙漠中發現綠洲的旅人
一個個喜不自勝
在未及看清前面的路便已身殉

原來　那是陷阱
一如貿然游向水況不明者忽遭滅頂
當這世界日趨沉淪
多少人因不明就裡的盲從
而成了那偽裝天使的祭品

—— 日誌詩

車已進站

捷運車已進站
有人以為可以趕得上
跑得氣喘吁吁
趕到月台時，車門剛好關住
跺著腳，徒呼負負

捷運車已進站
有人揣度未必趕得上
便從容不迫地走著
來到月台上，望了望那跑馬燈
靜靜地，等待下一班

———— 日誌詩

浮腫的人

他並不胖
而是浮腫
胖子都會設法減肥
他卻極力膨脹
印了一大堆頭銜
在自己的名片上
經常穿梭於那些集會場所
迎人便遞上一張
像極街頭的小販
散發商品宣傳單

—— 日誌詩

也是詩人

詩人皮，市儈骨
一雙獵人的眼睛
到處尋找獵物
孔方兄是他最好的朋友
不悉何爲詩人的風骨

頂著詩人的帽子
骨子裡卻是十足的漁夫
鎮日拿著釣竿走四方
一心只想釣名釣譽
去釣寒江雪的絕非這類人物

—— 日誌詩

空魚缸

那人買了一口魚缸
可他並未養魚
而養了無數的想像
每當他煩悶或無聊時
便來到魚缸前
想像那一條一條的魚在游來游去
臉上還不時露出笑容
彷彿在與那些魚兒竊竊私語
他買了魚缸沒養魚
卻享受了養魚的樂趣

—— 日誌詩

我的另類寫詩法

自愛妻病後
我便改變了寫詩的方式
不用稿紙不用筆
也不用電腦鍵盤來打字
而是以一顆甘之如飴的心
或下廚　或掃地
或三天兩頭陪她去就醫
或談些逗她開心的趣事
看她臉上綻放出微笑的花朵
便是我自認寫得滿意的詩

—— 日誌詩

無題

古有不飲盜泉水者
今則很少不是有奶便是娘的人

而那人忍著飢渴
眼看與他同行者，一個個
如蠅之見到腐肉，競向飛往
曾被他們唾棄的毒樹上
攫取那誘人的果實
且吃得津津有味
那人並不羨慕
祇覺得自己愈來愈寂寞

—— 日誌詩

思親夢

夢中，我將手搭在父親的肩上
醒來，不記得我與他談了哪些話

（我自十六歲離家
　便未曾與父親見面
　如今雖想承歡他膝下
　而他已離世二十多年）

父親啊！不論已過多少時間
您依然會在我的夢中出現
也只有在夢中啊！在夢中
我才會見到您，以手搭著你的肩

—— 日誌詩

觀舞

她以身體寫詩
首先用暗喻
接著以排比的複句
再以懸疑手法
以超現實的轉化
令人目不暇給
更以殊堪玩味的層遞
倏地來個鷂子翻身的跳脫
戛然而止，以玉樹臨風的象徵
引爆了舞台下如雷的掌聲

—— 日誌詩

驚喜

── 給一位陌生的讓座者

你微笑起身欲讓座
我含笑揮手示意你坐下
並說：我下一站便下車，不必客氣
我們雖然還相隔好幾步
卻似乎毫無距離

你欲讓座，許是見我爲年邁老者
而我婉謝，是我已感受到你的美意
有人說：這世界愈來愈冷
今天我卻從你這青青子衿的身上
像在沙漠中發現了綠洲般的驚喜

── 日誌詩

定睛前方

那人常在魚與熊掌間
左看，右看
那些成仙的成仙
稱王的稱王了
唯他仍在原地打轉

他看了又看，想了又想，而對自己說
「這些都不屬於我」
他不再左顧右盼
一心定睛前方
奔向那曾在他耳畔的呼喚

—— 日誌詩

誰也不能

別說你身不由己
掌握不了自己的命運
你看天上的月亮，你腳下的地球
每天轉個不停，又何嘗由得它們
再看那些對他人可以生殺予奪者
被目爲天之驕子，躊躇滿志的人
最後不都也如草枯花殘
有哪個必死的生命，能永活長存
誰也不能！除了那自有永有
創造並掌管宇宙萬物的神

—— 日誌詩

昨天 今天 明天

七十七年前的今天
我單槍匹馬來到這世界
闖蕩江湖這麼多年
除了一臉風霜
行囊裡，別無長物可言
如今，日薄西山
不知我前面的路還有多遠
所有的夢都已成過去式
支撐我猶未倒下來的是 神的恩典
唯 神掌管我的昨天 今天與明天

—— 日誌詩

海洋頌

你的器量大
沒有什麼容不下
有人散髮弄扁舟也好
駛來艨艟巨艦也罷
面對海豚　海豹的挑逗
窮凶極惡的鯨　鯊
你都一概包容
且將大小百川接納
除卻天，在這宇宙中
有誰比你更偉大

—— 日誌詩

輯九　十一路

我說：那是一個夢

當我御著一片多彩的翅膀
飛向那遙遠遙遠的地方
而觸到的祇是一片虛渺的時候
我是失望了
但我仍然留戀著
久久地，我的心遂在那兒盤旋
於是，我第一次墜於迷惘的濃霧
用一雙迷惘的眼睛
望著那迷惘的天空
我說：那是一個夢啊
一個不可企及的夢

—— 萌芽集

花落時節

度過了一段假期的春
已經歸去，當他興盡
而羣花神傷，黯然欲泣
而在這一期風景的季刊上
報導了一幕集體的殉情
爲著她們共同愛過的戀人

於是，不再看見那些嬌美的笑顏
不再聽見鶯燕的歌聲
大地在喟嘆：
多寂寞的時辰啊
際此曲終人散

—— 一九六三、三　石牌
　　—— 海韻

路燈

他目送
一個一個的夜行人歸去
自己卻無家可歸

（他的孤獨
　唯天邊的那顆星知道）

張牙舞爪的夜
向他撲來
屹立如山的他，眼睛眨都不眨

黑暗的勢力雖囂張
祇要有他在
人們便有安全感

——隨興詩鈔

蒼鷹與麻雀

每天都有開不完的會，那群麻雀
討論來，討論去，結論始終是
散會，明天再繼續

蒼鷹一向不開會
知更鳥也是

鷹往哪裡飛
詩要如何寫
心中自有指南針
何須三姑六婆叨絮

蒼鷹從未迷路
知更鳥不愁寫不出詩

── 未結集

相思樹

相思樹，相思樹
不知他何所思
每當我見到他
或只見到「相思樹」這三個字
便會思念一個人
曾與我在一處相思樹下談心的往事
而這個人現已不在這世界上
今天，當我讀到
一篇寫及相思樹的作品時
不由得又讓我想起
那藏在我心深處永難抹去的影子

—— 日誌詩

寫詩的人多了

景氣蕭條
失業比失戀的人多了好幾倍
失業又失戀的更多得難以數計
上小館子的人變少了
進出豪華餐廳的人依然是那些富豪
買詩集　詩刊的人本來就少
現在更是滯銷
可是，寫詩的人卻多了
當一個人找不到出路時
寫詩便成了一吐悶氣　怨氣
讓自己進入那別有洞天的最佳管道

—— 日誌詩

一切歸○

煙　消失了
雲　散去了
留下的是令人感念的德澤
一尊聳立在廣場上的塑像
幾卷陳列在圖書館裡的著作
或什麼都沒留下
一生就如神人說的
祇是一聲嘆息而已（註）
而那些留下的到了世界末日時
不也都化為煙雲
一切歸○

註：見《聖經‧舊約全書〈詩篇〉九十篇九節》。

—— 日誌詩

嗑瓜子

不寫詩時
便嗑瓜子
嗑著，嗑著
嗑出了一個有趣的問題
西瓜，人盡皆知
南瓜，也名聞遐邇
卻不知東瓜　北瓜的長相是啥樣子
冬瓜倒不陌生
可是此「冬」非彼「東」
也許是我孤陋寡聞
不知有許能給我教益

—— 日誌詩

輯十　十二屬

嚮往

嚮往那昔日恬靜的夢境
嚮往大自然的純美情趣
嚮往那白鶴飄逸自由的生活
嚮往古聖者們的寧靜與隱居

我要走向一個和平的新天地
我要走向蔥綠的田野與山林
我要在宇宙中悠然地邀遊，無羈無束
我要孤獨地住在山中，看幻變的浮雲

啊！何日我能離開呢
離開這煩囂的世界
我將像一隻脫籠的鳥兒
飛往那美麗的夢一般的地方

　　　　　　　　　　── 萌芽集

雨

銀色的天空颺下銀色的雨點
銀色的雨點一如我銀色的夢
它們落在堅硬的路上寂然地消失了
落在奔流的小河上幻成點點水花
落在嬌艷的花上，使花兒更艷
落在枯萎的樹上，給他復活的生命

啊！花朵需要雨，枯樹需要雨
我的生命也需要雨 ──
那夢的雨，幻想的雨
我看見她們像一隻隻的白鴿飛入我心中
一如那點點雨珠落在花兒、樹上
於是我笑了，在夢裡

── 萌芽集

靈感

在藍色的天宇
常有彩雲的仙子翩舞
在含翠的幽谷
常有美麗的羚羊踟躕
在我寂寞的心房
常有神秘的燭火閃亮

哦！彩雲消失
羚羊隱跡
當燭火熄時
我置身於茫茫的霧裡
眼前，祇是一片悵惘
一片悵惘……

—— 萌芽集

愛之短章

一

我想用筆來寫你的愛
久久未成一字
因你的愛已充滿我心中
一切字句都是多餘

二

仰首一天繁星
是你微笑的眼睛
諦聽幽幽虫鳴
是你傾吐的妙音

三

我不再嘆人生多愁
因我已找到新的意義
當你在我心中時
苦都變成了甜蜜

—— 萌芽集

雨中

灰黯蒼茫的天空
溟溟地颺著細雨
遠處成一片迷濛
所有的樹林山峯
喧囂塵上的聲音
都浸沉在雨霧中

風兒已收歛形跡
大地上安祥岑寂
一切都在默默地
接受雨水的洗禮
我昂立在山巔上
諦視宇宙的神秘

—— 萌芽集

生活

你說：這是一副抽象派的圖畫
色彩與線條像一堆未理的絲
除了亂的感覺以外
很少人能領悟出真實的意義

而我們都像綴網勞蛛
有許多需要，卻不知道真正的需與為何
唯知身在泥沼，心在天外
因此你說：我們是帝王，又是乞丐

然而，這就是現代
你既來到這裡，就得欣賞
而且不論是好是壞
還得帶一張回去掛在你的壁上

註：詩中語氣，似嫌唐突了那些從事現代畫的朋友們，但，
　　請不要誤會，我絕非有意對現代的畫風有所批評，我
　　祇不過是假此而寫出我對生活的一點感想而已。

―― 萌芽集

復活的歌

溫和的東風使者
喚醒了沉睡的大地
寂寞荒涼的山坡
揚起了綠色的旗

枯萎的發了芽
凋謝的又新生
一切都在歡欣鼓舞
迎接新日子的來臨

於是，我驀然醒來
將滿身的創傷抖落
向著充滿生氣的遠天
唱出復活的歌

　　　　　—— 一九五六、一　埔里
　　　　　　　　—— 海韻

時間

我們舞者，舞在時間的邊緣
陪她跳探戈，跳華爾茲

而我們有著太多的昨日
　　明日永遠是負數
永遠在未知的假設裡
　　我們都想擁抱明日
都想踩住自己的影子
　　而明日總是兔脫
總是跑在我們的前面
　　最精明的獵手也獵不到的 ——

我們舞者，舞在時間的邊緣
陪她跳探戈，跳華爾茲

—— 一九六三、六　石牌

—— 海韻

風雨旅人

且莫問我從何處來
莫問我走向何處
我的道路不屬此世
我的方向無人能知
我披著風，頂著雨
我要與風雨同去

此刻，風仍在吹著
雨仍在落著
我仍在不停地走著
走在風中，走在雨中
我要在風雨止後
跨上那天邊的彩虹

—— 一九六三、五　石牌

—— 海韻

哀歌

當你去時
日蝕。月暈
頓覺天的重量壓向我
地在急速潰崩

不見了所有的綠色
失去了所有的鳥聲
大地於一夜蒼老
一切於我都已陌生

啊！我的血液凝結
我的血液流盡
誰是昨日的我
誰是我昨日夢裡的人

　　　　　　——一九六二、九　石牌
　　　　　　　　——海韻

也是戰歌

── 寒夜聞賣燒肉粽聲有感

巾聲漸隱夜漸深
是誰打破了這四周的靜
「燒肉粽啊！燒肉粽啊！」
那聲聲顫抖的音符
在這寒氣逼人的夜裡
愈聽愈覺得好像在哭

不！他並非在哭
而是在唱著一首戰鬥進行曲
那聲音，竟將我的耳朵俘擄
由遠而近
近而又遠
忽然，我不再覺得冷

── 一九八五、十二　板橋

── 海韻

路的變奏

── 上班途中有感

每天走在同一條路上
走在這路上的卻非同一個人
昨天，他的心中一片陽光燦爛
今天，他的臉上卻布滿烏雲

同一條路上走著不同的人
沒有人知道自己究竟在向何處走
誰也無法測定明天的風雨陰晴
原來我們腳下的路是一條最詭異的獸

那人正奔向滿懷希望的前途
突然，一輛超速的車撞了過來
他竟來不及向朋友揮手
就這樣匆匆地走了，一去不回

── 一九八五、三　板橋

　　　　── 海韻

弔屈原

你就是那粒種子
兩千多年來，已蔚然而樹而林
我們雖非完全踏著你的腳印而來
卻都欣然分享了你的餘蔭

高潔的靈魂如你
踽踽而行在那眾人皆醉的時分
滿懷離憂，訴與誰聽
唯悠悠江水是你的知音

你是那永不熄滅的火焰
多少昏君弄臣已成灰燼
而你的形象，你的詩啊
卻長留天地間，讓人們歌吟

　　　　　　　── 一九八五、四　板橋
　　　　　　　　　　── 海韻

枕

釀夢的地方
由此進入黑甜鄉
當你自風中雨中歸來
帶著一身的疲憊與創傷
除了杜康，他也是你
解憂忘愁的良伴

有人枕流漱石
有人枕戈待旦
堪羨的是枕上鴛鴦
最怕的是枕冷衾寒
有人偶得如意枕
也不過是黃粱夢一場

—— 一九七〇、四、六　台北

—— 海韻

孩童與粽子

捧在手上的粽子
欲啖未啖
眼睛卻兀自望著
那一隻隻小鳥般
懸在竹竿上的
是否更可餐

雖然　這已是尋常物
卻在端午節這一天特別香
不吃粽子似無以盡歡
但不要忘了
嗚咽的汨羅江
更不要忘了　屈原

——一九八四、五　板橋

——海韻

月台

朝氣蓬勃的　來過
老態龍鍾的　來過
滿面春風的　來過
神情落寞的　來過
你將所有悲歡離合的故事
都收藏在你那記憶的角落

當我回顧自己的半生
多少歡樂　逝矣
多少憧憬　渺矣
多少壯志　已矣
啊！在這暮色將至的時分
人生不過是一月台而已

　　　　　　—— 一九八八、十二　板橋
　　　　　　　　—— 海韻

天河

一個逃家的浪子
一匹脫韁的野馬
不停地夢著　追尋著
到了一個名叫天空的地方
是誰施展法術，使他忽然
像貼紙一般
黏在那面弧形的石壁上
恁地掙扎也無計脫身

他又悔又急
常在夜深人靜時
滿臉淚痕，向大地
訴說他的思念與悔意

———一九九〇、二、十六　板橋
——海韻

秋之頌

── 兼致三月詩會諸友

且勿悲秋
雖然春華不再
也無夏日擎雨蓋
但有詩心在
縱目都是橙黃橘綠
更有那楓紅勝似花的點綴

經過多少風雨　多少浪
如今一若泊岸的船
不再眩惑於那遠天的虹影
唯愛腳前的一片恬淡
淡淡的斜陽裡
有詩有酒相伴

── 一九九四、十

── 燈語

九十九朵玫瑰

給你九十九朵玫瑰
留一朵作下酒的菜
水滿便溢
月盈則虧
我不是百分之百的完美
但願你了解恆久的才可貴

九十九朵玫瑰
每一朵都是我悉心的盆栽
它們將永不褪色
　　　永遠不凋萎
久久地，在我的心中
窖藏了一種對你不變的愛

—— 一九九五、十一

—— 燈語

船

生來就是流浪的命
去過許多港灣
找不到一處真正屬於我的窩
因為我是船

最了解我的心情
稱得上同病相憐的是
那到處漂泊的雲
但他遠比我幸運
整個天空一任他馳騁
我卻只能在兩岸之間徘徊
且常受困於纜的羈絆
所以，我比雲更苦悶

　　　　　　── 一九九四、三

　　　　　　　　── 燈語

詩人魚

不知他曾寫了多少詩
（更別問有哪些傳世的名篇佳句）
凡稱爲詩會的地方
必定都有他在其中出入

△形的頭，菱角眼
坤伶身段，市儈臉
另類兩棲動物
有人叫他詩人魚

詩人魚，不工詩
工於心機工交際
打著詩人的幌子四處招搖
有哪門子行業比做這類詩人容易

—— 日誌詩

名字

烏鴉如果改名黃鶯
牠的聲音是不是便好聽
雲雀若是叫麻雀
是否也會鎮日嘰嘰喳喳不停

西施是名字好，還是她色相出眾
讓她成為美女典型
豬八戒易名為潘安
難道便可博得美男子的雅名

名字好，不若人品重要
有的人名不副實徒招譏評
有的人名字雖俗而欠雅
懿行美德卻令人尊敬

　　　　　　　　—— 日誌詩

窄路　窄門

天色依然陰沉如昨
人們都說現在是新年
年是新的，人呢？
人又老一年了

又老一年的人
並非如倒吃甘蔗
而是去日苦短
路也愈走愈窄

哦！走窄路，進窄門
這是耶穌基督的寶訓（註）
人而愈來愈老時
自應遠離塵囂愈近神

　　註：見《聖經新約馬太福音第七章十三、十四節》。

　　　　　　　　　　　　　　—— 日誌詩

健忘

健忘，並非老年人獨有的特徵
也有不老而健忘，如政客的輕諾寡信

忘東忘西不忘本
忘本便像花草失去根

許多事都可以忘記
切莫出門忘了妻

前塵往事忘了的好
忘了就不會再懊惱

健忘，如果是選擇題
便應選擇忘了那些得　失　名　利

忘了憂愁忘了恨
將是這世界上最快樂的人

—— 日誌詩

鑰匙

一隻又一隻金屬小手
像一隻隻小鳥棲息在我的口袋裡
它們曾爲我開啓各式的門與箱子
沒有絲毫怨言或表示不願意

它們是最忠實聽話的僕人
都能善盡其職，恪守本分
從未伐善施勞，爭功逞能
負責開房門的絕不會去開車門

宇宙間還有許多道門
待我入內去探究其奧秘
但願有朝能找到一支鑰匙
開門進去得見我尋覓已久的自己

——未結集

血鸚鵡

不游於海洋
不混跡江湖
你守著一方小小水晶宮
成了金屋藏嬌似的寵物

朝歡賞，暮觀賞
有人一日百回看不厭
非但是你那曼妙的舞姿
一身紅裝更耀眼

你雖然也名鸚鵡
卻不像她愛學舌
你默默地舞著　舞著
一派悠然自得

—— 未結集

詠楊柳

你們許是孿生姊妹
往往被人叫錯名字
唯眼尖者一眼就認出
姐姐生性活潑
總愛對風搔首弄姿
妹妹則常低垂著頭
一派不勝嬌羞的樣子
無論楊也好，柳也罷
可以讓人折來贈別
供詩家作感今懷昔的抒發
切莫成了枇杷門巷的花柳
被視為水性人兒的楊花

　　　　　　　　—— 隨興詩鈔

遙望玉山

你雄踞美麗島上
俯瞰婆娑太平洋
日睹阿波羅的金馬車自身旁駛過
夜觀玉兔斗牛熠熠生輝的光芒

你恆沉默如哲人
一若羅丹的塑像
無人洞悉你的心事
也罕見鷹鵬來訪

遺世獨立的你
閱盡人間滄桑
你感慨於滾滾紅塵中
鼠輩猖獗少賢良

—— 一九九七、八、二十

—— 隨興詩鈔

淡水河

曾經青春明媚
十分美麗的一個女子
吸引過無數垂釣者的眼神
捕捉過多少兒童戲水的嬉笑聲
目迎目送過不斷來往的帆影
如今，不知是你老抑或病了
這些對你都已變得陌生
祇有始終守在你身旁的觀音山
依然不減當年風采
依然讓你不勝傾心
彷彿你在喃喃自語
何時找到夢中的第二春

—— 一九九七、八、三十
—— 隨興詩鈔

手語

在那無聲勝有聲的世界
手以蛺蝶穿梭花叢的舞姿
舞出萬種情懷
　　千般風致
恰似一幅幅抽象的畫
　　一篇篇無字的詩

讀著這些詩
欣賞這些畫
頓覺言語是岐趾
在一片喧囂雀噪聲中
我多麼渴望能讓耳朵放假
心去同溫層尋那失落的夢

　　　　　　　　—— 隨興詩鈔

紙　團

他在寫一篇作品
不知是小說抑詩
祇見他寫著寫著
數十寒暑從他指間溜逝
像遠征的旅人不辭勞苦
他十分用心地寫著
最後，他擲筆一嘆
許是對自己的作品不滿
便將它揉成紙團
往地上一扔
走了
誰也不知他去了哪裡

───── 隨興詩鈔

影子的話

我是你最貼身的知己
絕對不會背棄你
除非 ——
除非你走在黑暗裡
我是光的崇拜者
但願你也是

不論日光月光燈光
所有的發光體
都是我，以及我的族人
樂意追隨，生死以之
祇要你心向光明
我將永遠永遠陪伴你

—— 隨興詩鈔

永恆的畫廊

── 為紀念覃子豪師逝世卅五周年而作

你雖隱沒於那畫廊的黑色帷幕裡（註一）
留下的身影卻與時間等長
畫廊依然輝煌如昔
其中不可窮究的抽象與具象
依然如星空之浩瀚
吸引了無數仰望者的目光

如徹悟後的靜止，一瓶之存在（註二）
動靜交疊的肖像（註三）
刻畫著一個健偉的靈魂
如何跨在時間的快馬上（註四）
向那無人可以窮究的無窮處
奔騰　飛翔

註一：《畫廊》為覃子豪先生詩篇名，亦為其生前所出版
　　　之最後一部詩集名。「隱沒於畫廊裡黑色的帷幕」
　　　引自其詩第一節末句。
註二、三：〈瓶之存在〉、〈肖像〉皆《畫廊》詩集中之
　　　篇名，為覃師所重視之代表作。
註四：引自覃師《海洋詩鈔》中〈追求〉一詩。

　　　　　　　　　　　　　　── 隨興詩鈔

泳池旁觀記

戴上隱喻眼鏡
世界恰似一座游泳池
有人以蝶式，有人蛙式⋯⋯
競相以其各擅勝場的泳姿
游來
游去

我不善泳
是人謔稱的旱鴨子
旱鴨子只能在池邊漫步
卻也別有一番樂趣
這許或就是看戲的人
何以多於演戲的緣故

——隨興詩鈔

戴面具的人

仿如兒時的遊戲
那時，他躲在一個角落
讓人來捉摸
現在，他在舞台上賣弄姿態
卻無人洞悉他玩的把戲
因爲他戴了面具
且常視情節而變換
他陶醉於那些掌聲
（有時也換來一片噓聲）
直到夜闌人靜，對鏡凝視
他才想起鏡中的人是誰
才知道什麼叫悲哀

　　　　　　　　—— 未結集

抽菸的女子

她已經很雲很霧
此刻更成了雲中仙子
太多的心事，壓得她幾乎快窒息
為了逃避緊逼而來的愁緒
她讓自己躲在雲裡霧裡
卻不知燃燒在她指間的生命
正一寸一寸地化煙而去
她是找不到岸的舟子
在茫茫夜色中
只見那菸蒂上的火花
成了她最大的慰藉
也是她自己一生的詮釋

—— 未結集

議會一瞥

高懸民主幌子的馬戲團
不時有令人驚愕的戲碼上演
看群猴亂舞的怪樣花招
更有黑熊花豹抓狂的畫面
有人鼓掌喝采
有人搖首長歎

在以盛產奇蹟聞名的地方
這裡竟也形成人們爭睹的奇觀
當蛙鼓雀噪演變而為比武鬥牛
火爆鏡頭成了大眾傳播的焦點
但求作秀，如頑童之招搖胡鬧
管它什麼形象好壞，全拋諸一邊

───未結集

寫真熱潮

新新人類的新點子
莫非欲圖回到原始
原始時代的夏娃，竟然成了
今天許多女娃們效響的樣式
尤有青勝於藍者，似乎在宣稱
沒有不可以公開的才是貨真價實

既然把自己當商品來推銷
字典中便已找不到那恥字
半裸也好，全脫也罷
祇求如何化爲一片春光上市
在這爭相較勁的熱潮中，多少人
不知自己已是迷失方向的燕子

—— 未結集

殭屍

你若遇殭見屍可能嚇得半死
豈知自己曾在殭屍堆裡
每天呼吸那股屍臭而不知
環顧那些蒼白的靈魂不見一絲血氣
那些冰冷的心，冷得令人
有如置身極地

看那美麗的背影多有魅力
一轉身　竟厲鬼般使人不寒而慄
所謂推心置腹者
臉一變　頓成索你命的惡魃
倘非你走得快
恐已被那殭屍掐住脖子斷了氣

—— 未結集

機器人

四肢五官俱全
人模人樣的也叫作人
可就是有嘴不能言
（縱使讓他說話也不知所云）
有耳聽不見人們的嘲諷
有眼卻黑白是非不分

他不識公義真理爲何物
似乎最懂得明哲保身
甘願受人擺布
凡事不用自己操心
他無所謂快樂不快樂
反正沒有思想沒有靈魂

—— 未結集

想當年的人

葉子落盡的禿樹一棵
所有的家產已敗光
剩下一堆破銅爛鐵不值半文錢
那些發霉的故事像百結衣裳
人都聽得耳朵長繭了
留聲機似的他還在不斷播放

他說：想當年如何如何
彷彿整個世界曾爲他掌握
看他濺出的口沫
有如節日夜空的煙火
成了口頭禪的「想當年……」
印證他不過是明日黃花一朵

　　　　　　　── 未結集

老鴉夜啼

每夜，那林中
總有一隻老鴉在哀啼
向遠天的星星，路過的風
訴說她的失望與悲悽
半生劬勞付流水
有時還被當球踢

啼著啼著，那老鴉
她的啼聲中湧出了無限疚意
昔日對待父母的畫面
如今像毒蛇般將她唒噬
聽她那既悲且悔的哀哭
有多少欷歔啊　多少警惕

　　附註：鴉乃烏之別種。烏知反哺，鴉則否。據報載：某地
　　　　　一老嫗，遭其不孝子女當球踢。爰仿白居易之「慈
　　　　　烏夜啼」作此詩。

　　　　　　　　　　　── 一九九五、三
　　　　　　　　　　　　　　── 燈語

夏夜之惑

薔薇般怒放的夏夜
蛇類最活躍的季節
每一盞霓虹燈
都在吹奏那魔笛
引來蛇們無數
在那些不是密室的密室裡
進行肉搏戰
整座城市已然陷落
在這風月無邊的浪潮中
祇見那聳立一隅的教堂
如一落寞的老者
徒然蹲在那裡興歎

—— 一九九五、六
—— 燈語

梅花

你喜歡清靜
不愛熱鬧
百花爭妍鬥艷時
你在睡覺

當北風呼呼吹著
嚴寒凜凜來到
那些嬌美的花兒都嚇得
躲的躲，逃的逃

這時，你從夢中醒來
張開眼睛一瞧
只見群山舉起白旗
你發出了勝利的微笑

　　　　　── 一九九〇、十一
　　　　　　　　── 燈語

燈語

面對黑暗
我恆抗議
不要以為我沒有聲音
便苟同那些鬼祟的行徑
凡明眼人都明白
是我揭穿了那惡者的謊言
並非舉世都已被他征服
縱使烏雲遮蔽了星空
四周暗潮洶湧
我依然堅持自己的信念
在天下烏鴉一般黑的世界
我是拒絕污染的蓮

—— 一九九六、五
—— 燈語

春天，春天

春天是萬能鑰匙
所有封閉的門扉
它都能打開

春天是魔術師
他喚醒了沈睡的花兒
叫裸露的樹急著找衣服遮身

春天是貓
蹲在你心中的一個角落
想著如何吃到魚

春天是永遠不老的頑童
也讓與他為伍的
忘記老之將至

　　　　　　　　—— 一九九六、二

　　　　　　　　　　—— 燈語

山中獨步

左邊跑來一座山
右邊跑來一座山
他們迎我以滿眼的青翠
　以嚶嚶的鳥鳴
　以泠泠的泉韻
　以讓我呼吸舒暢的芬多精

一個為世界遺忘的人
受到如此親切的歡迎
彷彿被迎入王宮的貴賓
那些古樹修竹都成了我的知音
我不再覺得寂寞
當我漫步在這山中幽徑

　　　　　　—— 一九九六、七

　　　　　　　　—— 燈語

人生如謎

人的一生
不論彩色
或是黑白
終將會消逝

這世界上，無所謂永恆
永恆的愛情
永恆的生命
都無非是一種幻象而已

人生如謎
謎面的解讀可能有千百種
除了上帝
誰能洞悉其真正的謎底

—— 日誌詩

寫不出詩來的日子

寫不出詩來的日子
如一碟難以下嚥的菜
日子仍須過
卻過得乏味

有人擅歌善舞
有人博奕玩牌
愛詩成痴的人
不讀詩寫詩，生活會發霉

讀詩爲了引入活水
有水，草木便不致枯萎
寫詩有如擠奶
擠出奶的生命才可貴

—— 日誌詩

山 的 個 性

山，很執著
雲邀他去五湖四海一遊
他不肯走，就是不走

執著的山
當他一發脾氣的時候
誰都怕他那不可收拾的土石流

山，很愛靜
像哲人靜靜地在沉思
這人世間何以總是擾攘如斯

愛靜的山
始終保持與塵囂的距離
但有人來訪，他也不會拒絕不理

—— 日誌詩

生之必然

聽見那片躺在地上的樹葉嘆息
像一面鏡子，讓他看見
不久後的自己，也將如此凋謝
而他似已了悟：這是生之必然

他不會因此而哀嘆
即停到了倒下的這一天
像應邀去赴既定的約會
他將泰然面對人生的大限

不論路的遠或近
在未到達終點前
儘管一步一步繼續走
最後走不動了，便躺下來長眠

—— 日誌詩

我愛雨

我愛雨，尤其是霏霏細雨
這時，我會拒絕任何雨具
讓雨和我有親密的接觸
當她吻著我的頭髮，吻著我的肌膚
有如被擁在愛侶的懷裡
使我忘記了憂愁與悒鬱

如果是豆大的雨珠落下時
我會撐著傘在雨中漫步
聽著雨滴在傘上的聲音
宛若欣賞舒伯特C大調幻想進行曲
又像在聽一位老友
談那些有趣的詩人掌故

—— 日誌詩

資源回收

　　資源回收者說
「你是我下一個收集的目標」

「我並無值得你回收的價值
　　還是送去垃圾焚化爐吧」

「你別擔心，凡是廢棄物
　　遲早都會成為焚化爐的祭品」

「那又何不直接送去了事
　　免得你費時又費力」

「因你還有剩餘價值可利用
　　若是一般垃圾早已化為灰燼」

　那人聽了欲語而又默然
　不知他是感到安慰抑或悲哀

—— 日誌詩

名牌

我非名人
不用名牌
我鄙視那些繡花枕頭
你也許會說：這是酸葡萄心理
然則，豬若戴上金耳環便高貴？
以詐騙盜竊換來的名牌又何美？
我對那些臉上淌著汗水似珍珠的農民
掌上有著厚繭如鑽石的勞工
打心底深處湧出敬意
他（她）們不識名牌為何物
而對這社會的貢獻
比任何名牌更有價值

—— 日誌詩

夜語

你如所有被造者
出自上帝的創造
並由祂親自命名
儘管有人因你的臉黑
便被視爲罪惡的象徵
卻不知也有因你而存在，而發光
如星星
如月亮
至於那些魑魅魍魎的宵小之類
應與你無關
即便在大白天，滾滾紅塵中
不也到處可以看見他們的行蹤

—— 日誌詩

陣雨

雨，有一滴，沒一滴
像攝護腺肥大的老人
頻跑聽雨軒
似有若無
說是詩，不像詩
只能當作一篇小品文來讀

有一滴，沒一滴的雨
宛如個性內向而羞怯的女子
常常欲語還休
可又難耐思春之苦
未語淚先流
衷情不知向誰訴

　　　　　　　—— 日誌詩

天空產什麼

天空產什麼
產星星　月亮　太陽
產雲　雨　雪　霜
產甘露　彩虹
但不產火箭　飛彈
那些都產自地上好戰分子的腦中

人類需要什麼
需要博愛　和平
需要包容　同情
需要互助　互信
而摒除猜忌　仇恨
那些都是引起紛擾戰爭的病菌

—— 日誌詩

另類盲者

那人已盲
非眼科醫生的診斷
而是自囚於一己天地中
另類的盲

他自甘成為盲者
不惑於諸色之繽紛燦爛
不為星月爭輝而目眩神迷
不為太陽的萬丈光芒而眼花撩亂

在這個以顏色標榜
真理不彰的世界，盲是一種避難
最好，耳也變聾
管他眾聲喧嘩，世界如何渾濁不堪

—— 日誌詩

無形監獄

一座監獄
在我體內
我是獄卒
也是囚徒
我曾想越獄而逃
卻因種種羈絆未能如願

這座無形監獄
已囚禁我數十年
終究有一天
我會獲得釋放
那時，我將如脫籠的鳥兒
在一望無際的天空自由翱翔

—— 日誌詩

坐在你曾坐過的座位上

這個座位是你曾經坐過的
當我坐下來時，便感覺像坐在你懷裡
無論在我旁邊或面前有多少人
這時，在我心中與眼裡只有你

每一次搭捷運時
我都會選擇你曾坐過的座位來坐
不然，我寧可站著
即便有許多空位或有人禮讓我

坐在你坐過的座位上
便想著你當時的風采
一顰一笑成了一幅永不褪色的畫
彷彿你我依然並肩而坐，並未離開

—— 日誌詩

太陽會變人會老

初夏　日出三時許
太陽一派斯文
像藹藹君子般的親切近人
我微笑著向他道聲早安
然後對自己說：今天的天氣真好
可是，既而想到
一年三百六十五天
這樣的日子有多少
太陽不只這一副臉，他會變
而我也將變得一天比一天老
春天　夏天去了還會再來
人卻只有走上那去而不返的一條路

—— 日誌詩

詩人的責任與本領

詩，可以是一張椅子
讓疲乏的旅人坐下休息

詩，可以是一杯涼水
讓燠熱時的旅人飲了止渴

詩，可以是一盆炭火
讓寒冬裡的旅人前來取暖

詩，可以是一把火炬
讓黑夜中的旅人找到方向前進

詩，可以是一切
一切都可以成爲詩

如何使一切成爲詩
是詩人的責任，也是本領

—— 日誌詩

某失業男子

抬頭望了一眼那變臉的天空
想到下一餐，不禁想起
《聖經》中出埃及記的故事（註）
但他不是摩西
上帝似未聽他的禱告
他只有對肚子的抗議置之不理

當那抗議如螞蟻般咬著他
便去求助於車站裡的免費飲水機
可是，家裡的妻子　兒女呢
除了在心中愧疚地說聲對不起
他像極洩了氣的皮球
徒然望著天空嘆息

註：《聖經出埃及記》第十六章，記載摩西率領以色列人出
　　埃及到了曠野時，上帝為他們賜下食物，得免於挨餓。

── 日誌詩

貓與蝴蝶
── 讀方向版畫〈凝視〉後作

那貓目不轉睛地望著
一隻翩翩飛舞的蝴蝶
他不禁喃喃自語
這花兒的舞姿真美
如果是條魚多好
想著，想著，口水都快流出來了

蝴蝶不知有貓在偷窺
一股勁兒舞著，舞著
後來許是發覺了貓在覬覦
一溜煙，不知跑去了哪裡
祇見那貓一臉茫然
兀在那裡，惘然若失

── 日誌詩

蒼蠅與百合

那人的頭已找不到
尾巴卻猶在我的記憶中浮沉
不知爲什麼，那株百合花叫他蒼蠅
許是已悉他穿梭百花之間的傳聞
而她最厭惡這種彷彿情聖
到處行騙愛情失明症的人

百合花，一派高雅不俗的風華
無論那蒼蠅如何獻殷勤
她始終是那麼冷艷若冰
蒼蠅再多情也感動不了她的芳心
臭名昭彰，卻乏自知之明的蒼蠅
芬芳如百合，豈有機會讓他親近

—— 日誌詩

絕對論

相對論　愛因斯坦著
絕對論　恨路不平編
讀懂相對論的人
一雙手伸出來還數不完
奉行絕對論者
絕對多得難以數計

孔子說的　絕對不會錯？
偷窺行為　絕對不可以？
人格保證　絕對沒問題？
告訴你　絕對要保密？
照本賣　絕對不二價？
相信我　絕對不騙你？

—— 日誌詩

生存的方式

生存的方式有很多種
如今我選擇了最愚蠢的駝鳥式
把頭埋在如置身同溫層的闃然中
任世界再喧騰
人間多是非
於我何有哉

我也曾逐夢紅塵
幾度躓踣幾欲狂
夢醒方知一切皆枉然
不再追風，不再逐夢
餘生交由上帝管
且將凡事帶笑看

—— 日誌詩

窗內窗外

一窗之隔
兩個截然不同的世界
窗內是深山
窗外是大海

我愛山中的靜
也愛海上風光
在窗內，我靜靜翻閱塵封的歷史
在窗外，我縱覽千帆競渡的浩蕩

我在窗內尋找
失落在窗外的自己
我在窗外發現
隱藏在窗內的秘密

—— 日誌詩

睡的理由

睡的理由有很多種
最重要的是爲了醒
正如醉過方知酒濃

睡的另一種理由是
爲了走長遠的路
不睡便如繃緊的彈簧會鬆弛

還有一種睡的理由
這世界上太多亂象看了心煩
倒頭大睡便可忘千憂

而且睡後進入夢鄉
在甜美的夢境中
上下四方任徜徉

—— 日誌詩

眾生一體

在地上看
你是白種人
他是黑種人
我是黃種人
人與人之間
可能有種種情仇愛恨

自天上看
祇看哪是人，哪不是
沒有種族地域之分
更別說貧富貴賤
我們或有語言文化的岐異
卻都是同一個身體上的肢體

—— 日誌詩

寫詩的另一種方式

一個在高中時期便寫詩的女子
她的詩像瓊漿玉液
曾令多少人讚賞不已
直到她遇見夢中的白馬王子
繆斯不敵邱比特的魅力
從此她便自詩的國度失去蹤跡

昨天，不期而遇見到她
問她何以久未寫詩
她說：我並非沒有寫
而是改以另一種方式
我養育一對出色的兒女
將詩寫在我的生活裡

—— 日誌詩

借與騙

一個穿著 XX 大學校服的青年
指間夾著還未抽完的半截香菸
以博取同情的言詞為藉口
沿街向人借錢

他明明是有借無還
有人不知是心腸太軟
抑或不察他是行騙
掏出錢來逐他願

不久，一個婦人走來
怒斥他的謊言
像被人發現的小偷
他一溜煙跑得不見

　　　　　　　── 日誌詩

邊疆

拒絕中心
自我放逐至邊疆

在遠離塵囂
一個與天最近的地方

不見五彩繽紛
沒有眾聲喧嚷

極目處，隱約
一片碧玉般的天光在望

諦聽中，似有
來自那久遠年代的回響

這邊疆，離我不遠
就位於我的心上

—— 日誌詩

冰語

昔日　夏蟲語冰是譏諷
如今　冰在夏天最火紅
凡物以冰名
莫不引人舌舞唇動

冰是夏天的寵兒
　　冰淇淋　冰咖啡
　　仙草冰　水果冰
冰冰涼涼，不稱快的有誰

冰之為物
今昔不可同日而語
猶如人在世上
有得時不得時的際遇

　　　　　　　　　　── 日誌詩

那天，好險

那天，在街上遇見
一個彷彿自馬諦斯的畫裡走來
全身飾以火紅玫瑰的女子
許多人的眼睛都變成一隻隻蝴蝶
繞著她蹁躚起舞
我也忍不住多看了幾眼

看著，看著
那條曾經出現在伊甸園裡的蛇
竟悄悄爬到了我的腳邊
我悚然而驚，轉身疾步而去時
始覺攀在一株古樹上的自己
不禁說：好險

—— 日誌詩

會飛的林家花園

會飛的林家園
飛向四面八方
飛到遠遠近近
所有嚮往它的人心上

每個來到林家花園的人
無不讚嘆它的古色古香
那些亭台樓閣
彷彿都在歌唱

會唱歌的林家花園
歌聲是那麼悠揚
凡聽見它歌唱過的人
都會留下難忘的印象

　　　　　　　—— 日誌詩

換裝

死亡，不是終點
而是一道門
進入永恆的必經之路
猶如通過黑夜，走向清晨

一粒麥子落在地裡死了
結出許多子粒來
耶穌基督被釘十字架後被埋葬
結果，出現了無數基督徒於各世代

死亡，在基督徒眼裡
恰似脫去一襲舊衣裳
為進入將來的新天新地
換上新裝

—— 日誌詩

雨中行

不是趕路
而是為了排遣鬱悶的心情
有你偕行
我不覺得自己孤零

你似在對我訴說
一個纏綿悱惻的故事
我默默地諦聽著
像聽戴望舒低吟的那首〈雨巷〉詩

若非怕路人投我以異樣的眼光
我真想把撐著的傘收起來
讓你親密地擁抱
即使變成落湯雞，也會樂開懷

　　　　　　　　　—— 日誌詩

貓熊

你非貓，亦非熊
任憑如何叫你，同樣受愛寵
看你那副胖嘟嘟的模樣
很難不令人疼
穿著一身黑白相間的衣裳
更顯得你與眾不同

人們打四面八方湧來
爲了一睹你的風采
你卻目中無人般
只顧玩自己的，管他來的是誰
不論那些人如何指手畫腳逗你
你都一概不理睬

註：貓熊，中國大陸稱熊貓，列爲國寶級保護動物。

—— 日誌詩

我是忙碌的

我是忙碌的
少年時，忙著逃難
逃到這島上後，忙著與病魔作戰
病癒後，忙著學而不厭教不倦

屆齡退休了
忙著打造別具一格的《乾坤》（註）
妻病後
忙著肩負家庭看護的責任

我不是機器
機器也有使用期限
當我不再忙碌時
便是我安息主懷的那一天

註：《乾坤》詩刊是我自教育工作單位退休後，創辦的一
　　份融合現代新詩與古典詩詞於一體的詩刊。

—— 日誌詩

怨

路對鞋子說
你踩得我好痛
卻從未聽到你向我道歉一聲

鞋子對腳說
我載著你到處跑
卻從沒聽見你向我說聲謝謝

腳對頭說
你只會指揮我東奔西走
卻從不慰問我累不累

頭不知該對誰說
我殫精竭慮到一個頭兩個大時
誰來爲我解決那些惱人的問題

—— 日誌詩

雨後月亮

夏日雨後的晚上
燠熱遠颺，留下清涼
室外空氣中散發出一股薄荷味
令人有泅泳在海水浴場般的舒暢

抬頭發現天空一張圓圓的臉龐
在默默與我相望
這時，我想起了昔日的一個人
在一場暴風雨中彼此天各一方

不知那人可曾將我遺忘
在望見月亮時也像我想起她一樣
月亮，這雨後的月亮竟無端使我心亂
一池止水，忽地有了微波蕩漾

—— 日誌詩

錯誤的解讀

雲，打哪裡來
又將往哪裡去
沒有人知道
正如人，也不知道自己將歸何處

而雲自認是
另類遊牧民族
漂泊到哪裡不再走了
哪裡便是他的歸宿

雲是永遠的樂天派
不識憂慮爲何物
有人說他時而一臉愁容，時而哀泣
他說：那是對他錯誤的解讀

—— 日誌詩

那班最後的列車

在回憶時，忽然想起
六十年前的某一天
我離開家鄉的那班火車
剛通過的一座橋樑被炸斷（註）
從此我便有家歸不得
我的命運因此而改變

如果我沒搭上那班最後的列車
留在家鄉的我，絕非現在這般
也許比現在更狼狽
也許早已不在這人間
是誰在掌握我的命運
除了上帝，誰能告訴我這答案

註：岳陽市近郊南津港橋，當時國軍為阻止共軍南下，而
　　自行炸橋。

—— 日誌詩

菜市場素描之一：魚攤子

離開了或淺或深的水後
一條一條的魚攤在魚販們的攤子上
有的嘴還一張一翕地似在求救般
有的一動也不動，早已對生命絕望
下一站是哪裡？標準答案
將是一口鍋在等著牠們來下葬
至於或煎或蒸或燒或炸烤
便操諸在掌廚者，不，老饕的嘴上
令人不忍見到的畫面
是那魚販將牠們開膛剖肚的慘狀
魚啊！魚，這豈不就是你們的宿命
為了滿足人類口腹之慾的必然下場

—— 日誌詩

菜市場素描之二：豬肉攤子

放眼看去
那些被肢解了的畜類
不知牠們在進入屠宰場時
有沒有痛哭流淚
牠們一定沒想到被人飼養的結果
竟是如此可悲

現在牠們或掛或被擺在攤子上
整個身子被宰割得面目全非
分別骨頭是骨頭
肉是肉，腿是腿
任由菜籃族來挑選
或瘦，或肥

　　　　　　　—— 日誌詩

菜市場素描之三：蔬菜攤子

一處活動菜園
歷歷在目的各種蔬菜
有如選美會的佳麗雲集
那穠纖合度的菠菜，人見人愛
色彩鮮麗的甜椒　西紅柿
更具令人驚艷的風采
大、小白菜，紅、白蘿蔔
為歡迎嘉賓的蒞臨，一字排開
即使不甚搶眼的馬鈴薯和瓜類
無不期盼有關愛的眼神照過來
那些怯怜怜的蔥　蒜
也都在靜靜等待賞識者的青睞

—— 日誌詩

菜市場素描之四：雞肉攤子

你們雖然有翅，卻不曾高飛
何況現在被囚在這市場的籠子裡
縱然你們曾有司晨的功勞
或生過無數蛋，孵過無數小雞
更別說那雞農飼養你們的目的
無非是為了讓你們供人大快朵頤
現在，你們有的或全隻或剖半
都已經過放血　拔毛的處理
尚未被處理的，想必心裡都有數
刀子何時落在頸子上，遲早而已
最後面臨的是燉　是炸　是烤
更是由不得你們自己

　　　　　　　　　　—— 日誌詩

菜市場素描之五：水果攤子

一律是土產
不賣進口貨
椰子　鳳梨堆積如山
西瓜甜而汁又多
蘋果　梨子不亞於水果行的舶來品
香氣四溢的不是百香果，便是芒果
蓮霧中的極品，有著黑珍珠的美稱
葡萄　香蕉宛如鄰家女般熱絡
橘子　柳丁也是常見的熟客
楊桃　草梅都會定時出沒
還有木瓜　檸檬　芭樂……
是它們締造了這舉世聞名的水果王國

—— 日誌詩

監獄與華屋

你為我築起一座監獄
以你的眼神與微笑
還有比蜜更甜的話語
我再也無法脫逃

有一條熱線
在你我之間
時時都在傳遞
我們彼此的思念

我建造了一座華屋
在我的內心深處
不容他人越雷池一步
只供你來住

—— 日誌詩

做自己

我愛詩，但不敢以詩人自居
只能說是詩迷
正如那人愛音樂，但並非音樂家
只能說是樂迷

寫詩，有人視爲雕蟲小技
有人說是高級文字遊戲
不論它是什麼
卻從未在人類文化中缺席

我愛詩，有時也學習寫寫詩
寫得好不好，並不在意
更不在意是否被稱作詩人
而只在意做我自己

———— 日誌詩

不要問為什麼

送給情人的花
為什麼是玫瑰
而不是向日葵

為什麼他愛的是你
而非樓下的薇薇
樓上的蓓蓓

不要問為什麼
你已經不是小孩
有的問題靠你自己去體會

樹從來不曾問風為什麼對著他吹
岸也沒有問流水為什麼一去不回
人生有許多問題無須一一問明白

—— 日誌詩

愛，這帖藥

愛，這帖藥
能治百病
但也有人
因它而致命

俗諺「十藥九毒」
毒不毒，端視得宜不得宜
如父母對子女的溺愛
或恨鐵不成鋼而施加的壓力

最怕誤用了藥後
造成可悲的結局
如所愛的對象不如己願
便以殘忍的手段來報復

——　日誌詩

一隻看不見的手

我為何來到這裡
未來走向何方
我不知道
只知道有一隻看不見的手
始終在引導我往前走
我像迷路的羊
將自己交託在這一隻看不見的手裡
無論天色是否常藍
地上如何坎坷
我都不再徬徨
這一隻看不見的手
掌握了我未來的方向

——日誌詩

路

每個人的面前都有兩條路
同一時間卻只能走一條
路不會選擇人
人知道哪條路好，哪條不好

有時看似好走的路
走到後來卻是死路一條
有的路走來崎嶇難行
後來愈走愈平順　美好

你走的是怎樣的路
端視你選擇的是哪一條
在步上你所走的路之前
得像出征的戰士準備好

—— 日誌詩

十

中文數字一
阿拉伯數字 1
它們一橫一豎雖互異
卻都表示相同的意義
如將它們交相重疊在一起
便成了舉世皆知的「十」字

古羅馬以十字架做刑具
耶穌基督 ── 這代罪羔羊
爲了完成上帝的要求
而被釘在十字架上
後來這「十」字便成爲具有拯救意義的標幟
莫非這是上帝早就擬定好的構想

── 日誌詩

越獄者的自白

夢醒後，才發現自己被囚
囚禁我的這監獄
沒有獄卒看守
卻也沒有自由
生活是一種無形的鞭笞
一直打在我的背上與心頭

這種囚徒式的生活
委實令人難受
我無法對抗，只有越獄而逃
自心靈的窗口
如今我雖仍身為形役
心卻翱翔在另一個宇宙

　　　　　　　　　　—— 日誌詩

無字詩

我每天都讀一首又一首的無字詩
當我來到花壇前
看見石榴又有了身孕
玉蘭樹的新枝露出笑顏
紫羅蘭說蝴蝶如何偷吻了她
木瓜樹說他的孩子比昨天又長大了一點
還有玫瑰　茉莉花……
這些出自上帝之手的詩篇
比我在那些詩集詩刊上讀到的
更讓我百讀不厭
讓我真正領略了生之喜悅
發現生命的奧義無限

—— 日誌詩

冬天的太陽

冬天的太陽有如慈母的手
讓我想起小時候
母親一面唱歌給我聽
一面輕輕撫摸我的手
這溫馨的記憶
成了一罈陳年老酒

在我孤獨或臥病時
眼前便浮現那幕小時候的鏡頭
彷彿我又回到了母親身邊
時光開始倒流
祇是啊！祇是如今每當夜幕低垂
帶給我的竟是千斤般的思親鄉愁

—— 日誌詩

詠王昭君

美，是幸抑不幸
去問問籠子裡的金絲雀
或想想：被召入宮的王嬙
若非她美得讓魚沈雁落
豈會落於弄臣手中
當作禮物般送去番邦

灞橋一別，竟成永訣
一路淚水隨著琵琶泛濫
千載之下不知猶濕多少人的衣裳
而今漢王　單于都已逝如雲煙
獨留青塚在莽莽大漠上
贏得無數遊人的感嘆

—— 日誌詩

老房子

一幢數十年的老房子
曾經有　多彩的夢
　　　　繽紛的花朵
　　　　飛翔的翅膀
　　　　燦爛的燈火
來這裡打尖　投宿過

如今像一口乾涸的井
夢　雲一般地飄逝了
花朵　已化而為泥任人踐踏
翅膀　枯枝似的盡凋零
燈火　不知去了哪戶人家
眼看這幢老房子不久便將倒塌

——日誌詩

另一半，並非二分之一

夏娃是亞當的另一半
是他骨中的骨，肉中的肉（註）
也是他中有你，你中有他
永遠不可分的結合體

另一半，並非二分之一
一分便像一個蘋果分成兩半
你一半，他一半
便不再完整如初

如果你要的是全部，他也是
另一半，並非二分之一
而是兩個一半合在一起後
你中有他，他中有你

註：見《聖經・舊約全書〈創世紀〉二章廿三節》。

—— 日誌詩

石獅子

躍姿不再
吼聲不再
而形象依然
餘威猶在

無論是衙門
或是豪宅
常見你們一左一右
彷彿在嚴陣以待

有你們把守
勝似那威武的警衛
警衛只能監控那些閒雜人等
你們卻讓那些妖魔鬼怪望而生畏

—— 日誌詩

死了的是誰

宣稱上帝已死的那人，很少人再談及他的名字
他的書在圖書館的書架上已積滿三吋厚的灰
而上帝依然無時不在聆聽人的祈禱
爲無數人所感謝　頌讚　敬拜

上帝的存在不在於人如何說祂
祇看那秩序井然的交通，便知道有人在指揮
天上的眾多星球循著一定的軌道運行
豈非出於那掌管萬有者的安排

吃錯了藥的人才會說上帝已死
不知究竟死了的是誰
昔在今在以後永在的上帝
祇會覺得說那狂妄話的人可悲

　　　　　　　—— 日誌詩